# MANIFESTO DO PARTIDO COMUNISTA

COLEÇÃO A OBRA-PRIMA DE CADA AUTOR

# MANIFESTO DO PARTIDO COMUNISTA

**KARL MARX**
**FRIEDRICH ENGELS**

Tradução

Luciano Cavini Martorano

MARTIN CLARET

| | |
|---|---|
| Direção | Martin Claret |
| Produção editorial | Carolina Marani Lima<br>Flávia P. Silva |
| Projeto gráfico e capa | José Duarte T. de Castro |
| Diagramação | Giovana Gatti Leonardo |
| Ilustração de capa | SrsPvl / Shutterstock |
| Preparação | Marcelo Maia Torres |
| Revisão | Alexander B. A. Siqueira |
| Impressão e acabamento | Renovagraf |

Este livro segue o novo Acordo Ortográfico da Língua Portuguesa.

**Dados Internacionais de Catalogação na Publicação (CIP)**
**(Câmara Brasileira do Livro, SP, Brasil)**

Marx, Karl, 1818-1883.
Manifesto do partido comunista / Karl Marx e Friedrich Engels; tradução Luciano Cavini Martorano. — São Paulo: Martin Claret, 2014. (Coleção a obra-prima de cada autor; 44).

Título original: *Manifest der Kommunistischen Partei.*
ISBN 978-85-7232-418-2

1. Comunismo 2. Filosofia marxista 3. Política - Filosofia 4. Socialismo I. Engels, Friedrich, 1820-1895. II. Título. III. Série.

14-08707 CDD-335.422

Índices para catálogo sistemático:

1. Manifesto comunista 335.422

**EDITORA MARTIN CLARET LTDA.**
Rua Alegrete, 62 – Bairro Sumaré
01254-010 – São Paulo, SP
Tel.: (11) 3672-8144
www.martinclaret.com.br
3ª reimpressão – 2016

# Sumário

# Prefácio à edição alemã de 1872

A Liga dos Comunistas, uma associação operária internacional, que naturalmente, nas condições então vigentes, só podia ser clandestina, em seu congresso realizado em Londres em novembro de 1847 encarregou os signatários da redação para publicação de um detalhado programa teórico e prático de partido. Assim surgiu o *Manifesto* que se segue, cujo manuscrito foi para impressão em Londres poucas semanas antes da Revolução de Fevereiro. Publicado inicialmente em alemão, ele foi impresso nessa língua em pelo menos doze diferentes edições na Alemanha, na Inglaterra e nos Estados Unidos. Em inglês apareceu primeiro em 1850, no *Red Republican* de Londres, traduzido pela senhora Helen MacFarlane; e nos Estados Unidos, em pelo menos três diferentes traduções, em 1871. Em francês, primeiro em Paris pouco antes da insurreição de junho de 1848, e recentemente no *Le Socialiste* de Nova York. Uma nova tradução está sendo preparada. Em polonês, saiu em Londres pouco depois de sua primeira edição em alemão. Em russo, em Genebra nos anos 1860. Ele também foi traduzido para o dinamarquês logo após a sua publicação.

Ainda que as condições tenham se modificado muito nos últimos vinte e cinco anos, os princípios gerais desenvolvidos nesse *Manifesto*, *grosso modo*, ainda conservam hoje a sua inteira correção. Alguns pontos poderiam ser melhorados. A aplicação prática desses princípios, como explica o próprio *Manifesto*, dependerá sempre e em qualquer lugar das circunstâncias históricas existentes, por isso não se pode atribuir um peso especial para as medidas revolucionárias propostas ao final da segunda parte. Hoje, essa passagem seria redigida de outra forma em vários pontos. Frente ao imenso desenvolvimento da grande indústria nos últimos vinte e cinco anos, e com isso os avanços da organização partidária da classe trabalhadora, frente às experiências práticas, primeiro da Revolução de Fevereiro e, posteriormente, ainda mais com a Comuna de Paris — em que o proletariado se apossou pela primeira vez do governo por dois meses seguidos —, hoje esse programa está antiquado em alguns pontos. Sobretudo a Comuna de Paris provou que "a classe trabalhadora não pode simplesmente se apoderar da atual máquina estatal e colocá-la em movimento para os seus próprios objetivos". (Ver *A Guerra Civil na França* — Mensagem do Conselho Geral da Associação Internacional dos Trabalhadores, edição alemã, página 19, onde isso está mais desenvolvido.) Além disso, é claro que a crítica da literatura socialista está incompleta para os dias de hoje porque ela vai apenas até 1847; assim como as considerações sobre a posição dos comunistas em relação aos diferentes partidos de oposição (seção IV), ainda que sejam corretas em seus traços fundamentais até hoje, em sua exposição estão superadas mesmo porque a situação política transformou-se completamente e o desenvolvimento histórico levou ao desaparecimento da maioria dos partidos ali enumerados.

Contudo, o *Manifesto* é um documento histórico que não temos mais o direito de modificar. Talvez uma nova edição seja acompanhada de uma introdução cobrindo o intervalo de 1847 até agora; já que a presente reimpressão nos pegou de surpresa, não nos deixando tempo para isso.

*Karl Marx — Friedrich Engels*

Londres, 24 de junho de 1872.

# Prefácio à edição russa de 1882

A primeira edição russa do *Manifesto do Partido Comunista*, com tradução de Bakunin, foi lançada no início dos anos 1860, na tipografia do *Kolokol*. Na época, uma edição russa desse texto tinha para o Ocidente no máximo o significado de uma curiosidade literária. Hoje tal opinião não é mais possível.

Nada melhor que o último capítulo: "A posição dos comunistas em relação aos diferentes partidos de oposição" para mostrar o limitado alcance da área de influência do movimento operário na época (dezembro de 1847) da primeira edição do *Manifesto* (janeiro de 1848). Aí faltam sobretudo a Rússia e os Estados Unidos. Era o tempo em que a Rússia formava a grande reserva da reação europeia e a emigração para os Estados Unidos absorvia as forças excedentes do proletariado europeu. Ambos os países abasteciam a Europa com matéria-prima e serviam, ao mesmo tempo, como mercados para a venda de seus produtos industriais. Então, de um modo ou de outro, ambos pareciam os pilares da ordem social europeia.

Como isso tudo mudou hoje! Precisamente a emigração europeia possibilitou o colossal desenvolvimento da agricultura norte-americana, que com a sua concorrência sacudiu a grande e a pequena propriedade de terra na Europa — abalada até os seus alicerces. Ao mesmo tempo, ela possibilitou que os Estados Unidos participassem da exploração de seus abundantes recursos industriais, e com tal energia e em tal dimensão que em pouco tempo deverá acabar o monopólio industrial da Europa ocidental, sobretudo o da Inglaterra. E esses dois fatores também exercem influência de sentido revolucionário nos Estados Unidos. A pequena e média propriedade da terra dos lavradores, a base de todo o ordenamento político norte-americano, sucumbe cada vez mais à concorrência das grandes fazendas; e nos distritos industriais forma-se ao mesmo tempo um numeroso proletariado pela primeira vez, ao lado de uma fantástica concentração do capital.

Ora, e a Rússia! Na época da revolução de 1848 e 1849, não apenas os príncipes europeus como também a burguesia europeia viam na intervenção russa a única salvação face ao proletariado que apenas começava a despertar. O Czar foi proclamado o chefe da reação europeia. Hoje ele é prisioneiro de guerra em Gátchina e a Rússia é a vanguarda da ação revolucionária na Europa.

A tarefa do *Manifesto Comunista* foi proclamar o fim inevitável e iminente da moderna propriedade burguesa. Mas na Rússia, ao lado do embuste capitalista que floresce rapidamente e da propriedade burguesa que mal começa a se desenvolver, temos mais da metade do solo como propriedade comum dos camponeses. Então se pergunta: pode a comunidade camponesa russa *Obschtschina* — essa forma ainda que completamente minada da primitiva propriedade comum da terra — passar diretamente a uma forma mais elevada, comunista, ou ela tem de passar antes pelo mesmo processo de dissolução apresentado pelo desenvolvimento histórico do Ocidente?

A única resposta possível a essa pergunta hoje é a seguinte: se a revolução russa for o sinal para uma revolução operária no Ocidente, complementando-se uma a outra, então a atual propriedade comum russa poderá servir como ponto de partida para um desenvolvimento comunista.

*Karl Marx — Friedrich Engels*

Londres, 21 de janeiro de 1882.

# Prefácio à edição alemã de 1883

Infelizmente, tenho que assinar sozinho o prefácio desta edição. Marx, o homem a quem o conjunto da classe trabalhadora da Europa e dos Estados Unidos mais deve do que a qualquer outro — Marx descansa no Cemitério de Highgate e sobre seu túmulo já cresce a primeira grama. Desde a sua morte não se pode mais falar de uma reformulação ou complementação do *Manifesto*. Por isso eu considero necessário confirmar aqui de forma expressa mais uma vez o seguinte:

O pensamento fundamental que atravessa o *Manifesto* — que a produção econômica, e a articulação social que dela necessariamente decorre para cada época histórica, formam a base para a história política e intelectual dessa mesma época; que, consequentemente (desde o fim da primitiva propriedade comum da terra), toda a história foi uma história das lutas de classes, das lutas entre as classes exploradas e exploradoras, dominadas e dominantes nos diferentes estágios do desenvolvimento social; mas que agora essa luta atingiu um estágio em que a classe explorada e oprimida (o proletariado) não pode libertar-se da classe exploradora e opressora (a burguesia) sem ao mesmo tempo libertar para sempre toda a sociedade da exploração, opressão e das lutas de classse —, esse pensamento essencial pertence única e exclusivamente a Marx.

Eu já disse isso várias vezes; mas agora é necessário que esteja antes do próprio *Manifesto*.

*Friedrich Engels*

Londres, 28 de junho de 1883.

# Prefácio à edição inglesa de 1888

O *Manifesto* foi publicado como plataforma da Liga dos Comunistas, uma associação de trabalhadores inicialmente apenas alemã e depois internacional, que, nas condições políticas do continente europeu, de antes de 1848, era inevitavelmente uma organização secreta. No congresso da Liga, realizado em novembro de 1847, em Londres, Marx e Engels foram encarregados de preparar para publicação um inteiro programa partidário teórico e prático. Concebido no idioma alemão, o manuscrito foi enviado para impressão em Londres poucas semanas antes da revolução francesa de 24 de fevereiro. Uma tradução francesa apareceu em Paris pouco antes da insurreição de junho de 1848. A primeira tradução inglesa, preparada pela senhora Helen MacFarlane, foi publicada em 1850 no *Red Republican*, de George Julian Harneys, em Londres. Também foram publicadas uma edição dinamarquesa e uma polonesa.

A derrota da insurreição parisiense de junho de 1848 — essa primeira grande batalha entre o proletariado e a burguesia — colocou de novo, temporariamente, em segundo plano as aspirações sociais e políticas da classe trabalhadora da Europa. Desde então, a luta pela supremacia, tal como no período anterior à revolução de fevereiro, desenvolve-se apenas entre os diferentes grupos das classes proprietárias; a classe trabalhadora viu-se limitada a uma luta pela liberdade política e à posição de corrente de extrema esquerda dos radicais de classe média. Onde continuavam os movimentos proletários autônomos, eles eram reprimidos sem piedade. Assim, a polícia prussiana vigiava o comitê central da Liga dos Comunistas que na época tinha sede em Colônia. Os seus membros foram presos e, depois de dezoito meses de prisão, levados a tribunal. Esse famoso "Processo dos comunistas de Colônia" durou de 4 de outubro a 12 de novembro; e sete dos prisioneiros foram condenados a uma detenção de três a seis anos. Logo após a sentença, a Liga foi dissolvida formalmente pelos membros que restavam. No que diz respeito ao *Manifesto*, ele parecia estar condenado a cair no esquecimento.

Quando a classe trabalhadora europeia novamente reuniu suficiente força para um novo ataque às classes dominantes, surgiu a Associação Internacional dos Trabalhadores. Mas essa associação, fundada com o objetivo expresso de unir o conjunto do proletariado disposto à luta na Europa e nos Estados Unidos em um único corpo, não podia proclamar imediatamente os princípios apresentados no *Manifesto*. A Internacional devia ter um programa amplo o suficiente que pudesse ser aceito pelas *Trade-Unions* inglesas, pelos seguidores de Proudhon na França, na Bélgica, na Itália e na Espanha, e pelos lassallianos na Alemanha.[1] Marx, que redigiu esse programa para a satisfação de todos, tinha inteira confiança no desenvolvimento intelectual da classe trabalhadora, um desenvolvimento que necessariamente deveria resultar da união entre ação e discussão. Os acontecimentos e as vicissitudes na luta contra o capital, as derrotas ainda mais que as vitórias, não podiam deixar de convencer os homens das deficiências de suas diversas panaceias, levando-os à tomada de consciência e abrindo caminho para uma compreensão mais desenvolvida sobre os verdadeiros pressupostos da emancipação da classe trabalhadora. E Marx tinha razão. Quando a Internacional foi dissolvida em 1874, ela deixou os trabalhadores em uma situação completamente diferente daquela em que os havia encontrado em sua fundação em 1864. O proudhonismo na França e o lassallianismo na Alemanha estavam desaparecendo, e também as *Trade-Unions* conservadoras inglesas, ainda que em sua maioria já tivessem a tempo cortado os laços com a Internacional, paulatinamente

[1] Lassalle pessoalmente sempre se reconhecia como aluno de Marx perante nós, e enquanto tal estava no campo do *Manifesto*. Entretanto, na sua agitação pública de 1862 a 1864, ele não ia além da exigência de cooperativas produtivas com créditos do Estado.

aproximavam-se do momento em que o seu presidente podia declarar em seu nome no ano passado, em Swansea: "O socialismo continental já não nos causa medo". Na verdade, os princípios do *Manifesto* tinham realizado consideráveis progressos entre os trabalhadores de todos os países.

Desse modo, o *Manifesto* voltava a ocupar novamente o primeiro plano. Desde 1850, o texto alemão ganhou novas edições na Suíça, na Inglaterra e nos Estados Unidos. Em 1872 foi traduzido para o inglês em Nova York e publicado no *Woodhull and Claflin's Weekly*. Em razão dessa versão inglesa, também foi preparada uma francesa no *Le Socialiste* de Nova York. Desde então saíram ainda pelo menos duas traduções inglesas nos Estados Unidos, mais ou menos truncadas, das quais uma foi reimpressa na Inglaterra. A primeira tradução russa de Bakunin saiu por volta de 1863 na gráfica do *Kolokol* de Herzen, em Genebra; uma segunda, igualmente em Genebra, traduzida pela combativa Vera Zasulitch, em 1882. Uma nova edição dinamarquesa encontra-se na *Socialdemokratisk Bibliothek*, Copenhague, 1885; uma tradução francesa no *Le Socialiste* de Paris, 1886. Depois dessa, foi preparada uma tradução espanhola publicada em Madri, em 1886. O número de reimpressões alemãs não pode ser dado com exatidão, mas foram pelo menos doze. Uma tradução em armênio, que deveria sair há poucos meses em Constantinopla, não apareceu, porque, como me informaram, o editor não teve a coragem de publicar um livro que tivesse o nome de Marx, enquanto o tradutor recusava-se a assinar tal obra como se fosse de sua autoria. Eu ouvi falar de mais traduções em outros idiomas, mas não as vi. Assim, a história do *Manifesto* reflete em grande medida a história do movimento operário moderno; atualmente é sem dúvida alguma a obra mais difundida, mais internacional de toda a literatura socialista, um programa comum que é reconhecido por milhões de trabalhadores da Sibéria à Califórnia.

Mas, quando nós o escrevemos, não podíamos intitulá-lo de Manifesto *socialista*. Como socialista entendia-se, em 1847, de um lado, os adeptos dos diferentes sistemas utópicos: os owenistas, na Inglaterra; os fourieristas, na França, ambos já reduzidos a simples seitas em desaparecimento; de outro lado, os mais variados charlatães que prometiam remediar de qualquer maneira as precárias condições sociais de todo tipo sem qualquer risco para o capital e o lucro — nos dois casos, gente que estava fora do movimento operário e que buscava apoio nas classes "cultas". A parte da classe trabalhadora que estava convencida da insuficiência de uma simples mudança política e da necessidade de uma transformação completa da sociedade, essa parte se nomeava comunista. Era uma espécie de comunismo ainda cru, tosco, sem lapidação, puramente instintivo; mas ele punha o dedo na ferida e era suficientemente forte na classe trabalhadora para gerar o comunismo utópico, na França, o de Cabet; na Alemanha, o de Weitling. Desse modo, em 1847, o socialismo era um movimento da classe média, e o comunismo um movimento da classe trabalhadora. O socialismo era "polido" pelo menos no continente e o comunismo era exatamente o contrário. E como desde o início tínhamos a ideia de que "a emancipação da classe trabalhadora apenas pode ser obra da própria classe trabalhadora", não podia haver dúvida sobre o nome que devíamos escolher. E mais, desde então, nunca cogitamos em renunciar a ele.

Embora o *Manifesto* tenha sido um trabalho conjunto nosso, sinto-me obrigado a declarar que a ideia básica que forma o seu núcleo pertence a Marx. Essa ideia é a seguinte: em cada época histórica, o modo de produção e de troca economicamente predominante, e a articulação social que necessariamente dele decorre, forma a base sobre a qual se constrói a história política e intelectual dessa época, que só pode ser explicada a partir dela; que, consequentemente, toda a história da humanidade (desde o fim da sociedade tribal primitiva com a sua propriedade comum da terra) tem sido uma história das lutas de classes, lutas entre classes exploradoras e exploradas, dominantes e dominadas; que a história dessas lutas de classes forma uma série de desenvolvimentos que atualmente atingiu um estágio em que a classe oprimida e explorada — o proletariado — não pode alcançar a sua libertação do jugo da classe exploradora e dominante — a burguesia —, sem ao mesmo tempo libertar o conjunto da sociedade de uma vez por todas de qualquer tipo de exploração e opressão, de todas as diferenças de classes e lutas de classes.

Dessa ideia que, em minha opinião, está destinada a representar para a ciência da história o mesmo avanço que a teoria de Darwin representou para as ciências naturais — dessa ideia nós nos aproximamos progressivamente já vários anos antes de 1845. O quanto eu mesmo já me havia movido nessa direção mostra sobretudo a minha obra *Situação da classe trabalhadora na Inglaterra*.[2] Mas quando eu me reencontrei com Marx em Bruxelas no início de 1845, ele já a havia elaborado e me apresentou quase em termos tão claros como os que eu resumi acima.

De nosso prefácio comum para a edição alemã de 1872, eu cito o seguinte:

"Ainda que as condições tenham se modificado muito nos últimos vinte e cinco anos, os princípios gerais desenvolvidos nesse *Manifesto*, *grosso modo*, ainda conservam hoje a sua inteira correção. Alguns pontos poderiam ser melhorados. A aplicação prática desses princípios, como explica o próprio *Manifesto*, dependerá sempre e em qualquer lugar das circunstâncias históricas existentes, por isso não se pode atribuir um peso especial para as medidas revolucionárias propostas ao final da segunda parte. Essa passagem seria hoje redigida de outra forma em vários pontos. Frente ao imenso desenvolvimento da grande indústria nos últimos vinte e cinco anos desde 1848, e com ele os avanços da organização partidária da classe trabalhadora, frente às experiências práticas, primeiro da Revolução de Fevereiro e, depois muito mais, com a Comuna de Paris — em que o proletariado se apossou pela primeira vez do governo por dois meses seguidos —, hoje esse programa está obsoleto em alguns pontos. Sobretudo a Comuna de Paris provou que 'a classe trabalhadora não pode simplesmente se apoderar da atual máquina estatal e

---

[2] *A situação da classe trabalhadora na Inglaterra* de 1844, de Friedrich Engels.

colocá-la em movimento para os seus próprios objetivos'. (Ver *A Guerra Civil na França* — Mensagem do Conselho Geral da Associação Internacional dos Trabalhadores, edição alemã, página 19, onde isso está mais desenvolvido.) Além disso, é claro que a crítica da literatura socialista está incompleta para os dias de hoje porque ela vai apenas até 1847; assim como as considerações sobre a posição dos comunistas em relação aos diferentes partidos de oposição (parte IV), ainda que sejam corretas em suas linhas gerais até hoje, em sua exposição estão superadas mesmo porque a situação política transformou-se completamente e o desenvolvimento histórico levou ao desaparecimento da maioria dos partidos enumerados ali.

Contudo, o *Manifesto* é um documento histórico que não temos mais o direito de modificar."

A presente tradução é do senhor Samuel Moore, o tradutor da maior parte de *O Capital,* de Marx. Nós a revisamos juntos e eu acrescentei algumas notas de rodapé para explicar alusões históricas.

*Friedrich Engels*

Londres, 30 de janeiro de 1888.

# Prefácio à edição alemã de 1890

Desde que o precedente foi escrito, novamente se tornou necessária uma nova edição alemã do *Manifesto*, e também muitas coisas aconteceram com o *Manifesto* que devem ser mencionadas aqui.

Uma segunda tradução russa — de Vera Zasulitch — apareceu em 1882, em Genebra; o prefácio dela foi feito por Marx e eu. Infelizmente, eu perdi o manuscrito original em alemão, tenho então que retraduzir do russo e o trabalho não ganha nada com isso.[1] Ele afirma:

"A primeira edição russa do *Manifesto do Partido Comunista*, com tradução de Bakunin, foi lançada no início dos anos 1860 na tipografia do *Kolokol*. Na época, uma edição russa desse texto tinha para o Ocidente no máximo o significado de uma curiosidade literária. Hoje, tal opinião não é mais possível. Nada melhor que o último capítulo: 'A posição dos comunistas em relação aos diferentes partidos de oposição' para mostrar o limitado alcance da área de influência do movimento operário na época da primeira edição do *Manifesto* (janeiro de 1848). Aí faltam, sobretudo, a Rússia e os Estados Unidos. Era o tempo em que a Rússia formava a grande reserva da reação europeia e a emigração para os Estados Unidos absorvia as forças excedentes do proletariado europeu. Ambos os países abasteciam a Europa com matéria-prima e serviam, ao mesmo tempo, como mercados para a venda de seus produtos industriais. Então, desse ou daquele modo, ambos pareciam os pilares da ordem social europeia.

---

[1] O original em alemão perdido por Engels do prefácio concebido por ele e Marx para a edição russa de 1882 foi encontrado. (Nota da edição alemã MEW 4, p. 583).

Como isso tudo mudou hoje! Precisamente a emigração europeia possibilitou o colossal desenvolvimento da agricultura norte-americana, que com a sua concorrência sacudiu a grande e a pequena propriedade de terra na Europa em seus fundamentos. Ao mesmo tempo, ela possibilitou que os Estados Unidos participassem da exploração de seus abundantes recursos industriais, e com tal energia e em tal dimensão que em um curto período deverá acabar o monopólio industrial da Europa ocidental. E esses dois fatores também exercem influência de sentido revolucionário nos Estados Unidos. A pequena e média propriedade de terra dos lavradores, a base de todo o ordenamento político norte-americano, sucumbe cada vez mais à concorrência das grandes fazendas; nos distritos industriais forma-se ao mesmo tempo, pela primeira vez, um numeroso proletariado, ao lado de uma fantástica concentração do capital.

Vamos à Rússia. Na época da revolução de 1848 e 1849, não apenas os monarcas europeus como também a burguesia europeia viam na intervenção russa a única salvação face ao proletariado, que apenas começava a tomar consciência de seu poderio. Eles proclamaram o Czar como chefe da reação europeia. Hoje ele é prisioneiro de guerra em Gátchina e a Rússia é a vanguarda do movimento revolucionário europeu.

A tarefa do *Manifesto Comunista* foi a proclamação do fim inevitável e iminente da atual propriedade burguesa. Mas na Rússia, ao lado do engano capitalista que floresce rapidamente e da propriedade burguesa que mal começa a se desenvolver, nós temos mais da metade do solo como propriedade comum dos camponeses. Então se pergunta: pode a aldeia camponesa russa (*Obschtschina)* — essa forma já completamente minada da primitiva propriedade comum de terra —, passar diretamente a uma forma mais elevada, comunista, ou ela tem antes que passar pelo mesmo processo de dissolução que apresenta o desenvolvimento histórico do Ocidente?

A única resposta possível hoje a essa pergunta é a seguinte: se a revolução russa for o sinal para uma revolução operária no Ocidente, complementando-se uma com a outra, então a atual propriedade comum russa poderá servir como ponto de partida de um desenvolvimento comunista.

Londres, 21 de janeiro de 1882."

Uma nova tradução polonesa apareceu na mesma época em Genebra: *Manifest komunistyczny*.

Depois, houve uma nova tradução dinamarquesa na *Socialdemokratisk Bibliothek*, København, 1885. Infelizmente ela não está completa; algumas passagens essenciais, que parecem ter criado dificuldades para o tradutor, foram omitidas e também nota-se aqui e ali indícios de descuido, que são ainda mais desagradáveis quando se vê que o tradutor, se tivesse um pouco mais de cuidado, poderia ter feito um trabalho bem melhor.

Em 1886, apareceu uma nova tradução francesa no *Le Socialiste* de Paris; e é a melhor publicada até agora.

Depois dela, foi publicada, no mesmo ano, uma tradução espanhola no madrilenho *El Socialista*, e a seguir como brochura: *Manifiesto del Partido Comunista,* por Carlos Marx e F. Engels, Madrid, Administración de *El Socialista*, Hernán Cortés 8.

Apenas como curiosidade, eu menciono que em 1887 o manuscrito de uma tradução armênia foi proposta a um editor de Constantinopla; mas o bom homem não teve a coragem de publicar algo que tivesse o nome de Marx, e achava que o próprio tradutor deveria se apresentar como autor, o que ele porém recusou.

Após a reimpressão de uma ou outra tradução americana mais ou menos incorretas na Inglaterra, finalmente surgiu uma autêntica tradução em 1888. Ela é do meu amigo Samuel Moore e foi revista várias vezes por nós dois antes da impressão. O título é: *Manifesto of the Commnunist Party*, by Karl Marx and Frederick Engels, Authorized English Translation, edited and annotated by Frederick Engels, 1888, London, William Reeves, 185 Fleet St. E.C. Eu retomei algumas notas dessa edição para a atual.

O *Manifesto* teve sua própria história. No momento de sua aparição, ele foi saudado entusiasticamente pela vanguarda do socialismo científico tão pouco numerosa na época (como provam os mencionados primeiros prefácios nas traduções realizadas); logo a seguir, foi colocado em segundo plano pela reação que começou com a derrota dos trabalhadores parisienses, em junho de 1848 e, por fim, foi proscrito e banido "pela lei" com a condenação dos comunistas de Colônia, em novembro de 1852. Com o desaparecimento do movimento operário da revolução de fevereiro do palco público, também o *Manifesto* ficou em segundo plano.

Quando a classe trabalhadora europeia fortaleceu-se suficientemente para um novo ataque contra o poder das classes dominantes, surgiu a Associação Internacional dos Trabalhadores. Ela tinha como objetivo unir todos os trabalhadores combativos da Europa e dos Estados Unidos em um grande exército. Por isso, ela não podia partir dos princípios do *Manifesto*. Ela devia ter um programa que não fechasse a porta para as *Trade-Unions* inglesas, os proudhonistas franceses, belgas, italianos e espanhóis, e os lassallianos alemães.[2] Esse programa — a exposição de motivos do estatuto da Internacional — foi elaborado pelo próprio Marx com uma maestria reconhecida pelo próprio Bakunin e os anarquistas. Marx confiava a vitória final dos princípios expostos no *Manifesto* única e exclusivamente ao desenvolvimento intelectual da classe trabalhadora, que devia ser o resultado necessário da unidade de ação e da discussão. Os acontecimentos e as vicissitudes da luta contra o capital, as derrotas mais do que as vitórias, não podiam deixar de explicar aos trabalhadores a insuficiência de todas as panaceias universais existentes, tornando-os receptivos a uma concepção fundamentada das verdadeiras condições para a emancipação operária. E Marx tinha razão. A classe trabalhadora de 1874, quando da dissolução

[2] Lassalle pessoalmente sempre se reconhecia perante nós como "aluno" de Marx, e naturalmente enquanto tal estava no campo do *Manifesto*. Outra coisa eram seus adeptos, que não iam além de sua exigência de cooperativas produtivas com créditos do Estado, dividindo toda a classe trabalhadora entre ajudados pelo Estado e ajudados por si próprios.

da Internacional, era totalmente diferente daquela de 1864, em sua fundação. O proudhonismo nos países latinos e o lassallianismo específico da Alemanha estavam desaparecendo, e mesmo as *Trade-Unions* inglesas profundamente conservadoras se aproximavam do momento em que o seu presidente podia dizer em seu nome no congresso de Swansea, em 1887: "Perdemos o medo do socialismo continental". Mas já em 1887, o socialismo continental já era apenas a teoria anunciada no *Manifesto*. E a história do *Manifesto* reflete em certo grau a história do movimento operário moderno desde 1848. Atualmente é, sem dúvida, o produto mais difundido no mundo, o mais internacional de toda a literatura socialista, o programa comum de milhões de trabalhadores de todos os países, da Sibéria à Califórnia.

Mas quando ele apareceu, nós não podíamos chamá-lo de socialista. Como socialista, entendia-se em 1847 dois tipos de pessoas. De um lado, os adeptos dos diferentes sistemas utópicos, especialmente os owenistas na Inglaterra e os fourieristas na França, ambos já então condenados a simples seitas em desaparecimento. De outro lado, os mais variados charlatães sociais que queriam eliminar os males sociais com suas diferentes panaceias e toda espécie de remendo, sem causar dano algum ao capital e ao lucro. Nos dois casos, gente que estava fora do movimento operário e que buscavam o apoio das classes "cultas". A parte dos trabalhadores que, ao contrário, estava convencida da insuficiência da simples mudança política e exigia uma transformação fundamental da sociedade, se nomeava *comunista*. Era um comunismo pouco elaborado, um comunismo apenas instintivo, às vezes grosseiro; mas ele era suficientemente forte para gerar dois sistemas de comunismo utópico, na França, os "Icarianos" de Cabet; na Alemanha, o de Weitling. Em 1847, o socialismo representava um movimento burguês, e o comunismo, um movimento operário. O socialismo era, pelo menos no continente, aceitável, o comunismo era exatamente o contrário. E como já na época éramos decididamente pela ideia de que "a emancipação dos trabalhadores só pode ser obra dos próprios trabalhadores", não podíamos duvidar em momento algum sobre qual nome devíamos escolher. E desde então, nunca pensamos em modificá-lo.

"Proletários de todos os países, uni-vos!" Há quarenta e dois anos, quando lançamos ao mundo essas palavras, poucas vozes responderam na véspera da primeira revolução parisiense, na qual o proletariado apareceu com suas próprias reivindicações. Mas em 28 de setembro de 1864, os proletários da maioria dos países da Europa ocidental uniram-se na Associação Internacional dos Trabalhadores, de gloriosa memória. Mas a própria Internacional durou apenas nove anos. Porém, não há melhor testemunho de que a aliança eterna dos proletários de todos os países fundada por ela ainda vive mais forte que nunca. Pois hoje, quando escrevo essas linhas, o proletariado europeu e norte-americano passa em revista o seu exército, que se tornou pela primeira vez um exército mobilizado sob uma bandeira e por um objetivo próximo: a jornada de trabalho de oito horas estabelecida pela lei, já proclamada pelo congresso da Internacional em Genebra em 1866; e novamente em 1889, pelo Congresso Operário de Paris. E o espetáculo do dia de hoje mostrará aos capitalistas e proprietários de terra de todos os países que os operários de todo o mundo estão efetivamente unidos.

Se Marx estivesse ao meu lado para ver isso com seus próprios olhos!

*Friedrich Engels*

Londres, 1º de maio de 1890.

# Prefácio à edição polonesa de 1892[1]

O fato de que uma nova edição polonesa do *Manifesto Comunista* tornou-se necessária é motivo para diversas considerações.

Primeiro, é digno de nota que o *Manifesto* tenha se tornado, de certo modo, um barômetro para o desenvolvimento da grande indústria no continente europeu. À medida que a grande indústria se expande em um país, à medida que também cresce entre os trabalhadores desse país a exigência do esclarecimento sobre a sua posição enquanto classe trabalhadora frente às classes proprietárias, o movimento socialista se desenvolve e aumenta o interesse pelo *Manifesto*. De tal modo que não apenas a situação do movimento operário como também o grau de desenvolvimento da grande indústria em cada país pode ser medido com grande exatidão pelo número de exemplares difundidos do *Manifesto* no idioma local.

Assim, a nova edição polonesa assinala um avanço decisivo da indústria polonesa. E não há a menor dúvida de que esse avanço tenha ocorrido desde a última edição, há dez anos. A Polônia russa, a Polônia do Congresso [de Viena de 1814 – 1815] tornou-se o grande distrito industrial do Império Russo. Enquanto a grande indústria russa se espalhou de forma esporádica — uma parte no golfo da Finlândia, outra parte no centro (Moscou e Vladimir), uma terceira no Mar Negro e no Mar de Azov, e outra dispersa por outros cantos —, a polonesa está concentrada em um espaço relativamente pequeno e, por conta dessa concentração, goza das vantagens e desvantagens correspondentes. As vantagens foram reconhecidas pelos fabricantes russos concorrentes quando

---

[1] O texto desse prefácio é o do original em alemão escrito por Engels. (Nota da edição MEW IV, p. 587).

exigiam proteção alfandegária contra a Polônia, apesar de seu ardente desejo de transformar os poloneses em russos. As desvantagens — para os fabricantes poloneses e para o governo russo — mostram-se na rápida difusão das ideias socialistas entre os trabalhadores poloneses e no crescente interesse pelo *Manifesto*.

O rápido desenvolvimento da indústria polonesa, que deixou a russa para trás, é uma nova prova da indestrutível força do povo polonês e uma nova garantia do iminente renascimento nacional. O renascimento de uma forte Polônia independente é porém uma questão que não diz respeito apenas aos poloneses, mas a todos nós. Uma cooperação internacional sincera das nações europeias só é possível quando cada uma dessas nações for inteiramente autônoma em sua própria casa. A revolução de 1848 que, sob a bandeira operária, fez com que os combatentes proletários apenas realizassem o trabalho da burguesia, trouxe também a independência da Itália, da Alemanha e da Hungria, pelos seus executores testamentários Luís Bonaparte e Bismarck; mas a Polônia, que desde 1792 fez mais pela revolução que todos esses três países juntos, foi abandonada a sua própria sorte, sucumbindo em 1863 frente à superioridade russa dez vezes maior. A nobreza não pode manter nem reconquistar a independência da Polônia; frente a qual a burguesia hoje é pelo menos indiferente. Embora ela seja uma necessidade para a colaboração harmônica entre as nações europeias, ela só pode ser conquistada pelo jovem proletariado polonês, estando assim em boas mãos. Pois os trabalhadores de todo o resto da Europa necessitam da independência da Polônia tal como os próprios trabalhadores poloneses.

*Friedrich Engels*

Londres, 10 de fevereiro de 1892.

# Ao leitor italiano [Prefácio à edição italiana de 1893]

Pode-se dizer que a publicação do *Manifesto do Partido Comunista* coincidiu com o 18 de março de 1848, dia das revoluções de Milão e Berlim, que representaram revoltas de duas nações que se encontram no centro — de um lado, do continente europeu; de outro, do mar Mediterrâneo —; duas nações até então enfraquecidas pela divisão territorial e por disputas internas, caindo por isso sob domínio estrangeiro. Enquanto a Itália estava submetida ao imperador da Áustria, a Alemanha sofria o jugo, indireto mas não menos efetivo, do Czar de todas as Rússias. As consequências do 18 de março de 1848 libertaram a Itália e a Alemanha dessa infâmia; se essas duas grandes nações se restabeleceram e se reencontraram consigo mesmas no período de 1848 até 1871, isso aconteceu, em certa medida, como dizia Marx, porque as mesmas pessoas que derrotaram a revolução de 1848 tornaram-se os seus executores testamentários contra a sua vontade.

Por todas as partes, essa revolução foi obra da classe trabalhadora; foi ela que ergueu barricadas e colocou a sua vida em jogo. Só os trabalhadores de Paris tinham a declarada intenção de derrubar o domínio da burguesia quando derrubaram o governo. Mas, por mais que ela também estivesse consciente do inevitável antagonismo existente entre a sua própria classe e a burguesia, nem o progresso econômico do país nem o desenvolvimento intelectual das massas trabalhadoras francesas tinham atingido um estágio que permitisse a transformação da sociedade. Por isso, os frutos da revolução acabaram sendo colhidos pela classe capitalista. Nos outros países, na Itália, na Alemanha, na Áustria, na Hungria, os trabalhadores basicamente não fizeram outra coisa senão levar a burguesia ao poder. Mas em nenhum país o domínio da burguesia é possível sem a independência nacional. Desse modo, a revolução de 1848 tinha que levar consigo a unidade e a independência daquelas nações que não as tinham: Itália, Alemanha, Hungria. A Polônia as seguirá a seu tempo.

Se a revolução de 1848 não foi uma revolução socialista, ela porém aplainou o caminho e preparou o terreno para ela. Com o impulso que o regime burguês deu em todos os países para a grande indústria, criou-se por todas as partes nos últimos quarenta e cinco anos um numeroso, decidido e forte proletariado; dessa maneira, ele criava, para usar uma expressão do *Manifesto*, o seu próprio coveiro. Sem a restituição da independência e da unidade de cada nação, nem a união internacional do proletariado, a cooperação pacífica e inteligente dessas nações não poderia contribuir para a conquista dos objetivos comuns. Imaginem uma atuação conjunta internacional dos trabalhadores italianos, húngaros, alemães, poloneses e russos sob as condições políticas de antes de 1848!

Assim, as batalhas do ano de 1848 não foram em vão; tal como não foram em vão os quarenta e cinco anos que nos separam daquela época revolucionária. Os frutos amadurecem, e tudo o que eu desejo é que a publicação desta tradução italiana do *Manifesto* seja um bom presságio para a vitória do proletariado italiano, assim como a edição do original foi para a revolução internacional.

O *Manifesto* faz justiça ao papel revolucionário desempenhado pelo capitalismo no passado. A primeira nação capitalista foi a Itália. O fim do feudalismo medieval, o começo do capitalismo moderno está marcado por uma figura grandiosa: um italiano, Dante, é o último poeta da Idade Média e, ao mesmo tempo, o primeiro dos tempos modernos. E hoje, a exemplo de 1300, surge uma nova época histórica. Dar-nos-ão os italianos um novo Dante que anunciará o nascimento dessa nova era proletária?

*Friedrich Engels*

Londres, 1º de fevereiro de 1893.

# MANIFESTO DO PARTIDO COMUNISTA

Um fantasma ronda a Europa — o fantasma do comunismo. Todas as potências da velha Europa uniram-se em uma Santa Aliança contra esse fantasma, o Papa e o Czar, Metternich e Guizot, os radicais franceses e os policiais alemães.

Onde está o partido de oposição que não foi acusado de comunista pelos seus opositores no governo? Onde está o partido de oposição que não tivesse devolvido a estigmatizada acusação de comunista tanto contra seus opositores mais progressistas como contra seus adversários reacionários?

Duas coisas resultam desse fato.

O comunismo já é reconhecido como uma força por todas as potências europeias.

Já é hora de os comunistas apresentarem abertamente suas opiniões, seus objetivos, suas tendências perante todo o mundo, opondo à lenda do fantasma do comunismo um manifesto do próprio partido.

Com esse objetivo, reuniram-se em Londres comunistas de diferentes nacionalidades e esboçaram o seguinte manifesto, que será publicado em inglês, francês, alemão, italiano, flamengo e dinamarquês.

# I
## Burgueses e proletários[1]

A história de todas as sociedades existentes até hoje[2] é a história das lutas de classes.

Homem livre e escravo, patrício e plebeu, barão e servo, mestre de corporação[3] e aprendiz, em suma, opressores e oprimidos, sempre se opuseram um ao outro, travando uma constante luta, às vezes aberta, outras vezes oculta; uma luta que sempre terminou ou com uma transformação revolucionária de toda a sociedade, ou com o fim comum das classes em luta.

Nas épocas anteriores da história, encontramos quase sempre uma completa articulação da sociedade em diferentes estamentos, uma múltipla gradação das posições sociais. Na Roma antiga, nós temos patrícios, cavaleiros, plebeus, escravos; na Idade Média, senhores feudais, vassalos, mestres, aprendizes, servos e, além disso, em quase cada uma dessas classes novamente estratificações particulares.

A moderna sociedade burguesa, que surgiu das ruínas da sociedade feudal, não eliminou os antagonismos de classe. Ela apenas colocou, no lugar das antigas, novas classes, novas condições de opressão, novas formas de luta.

Entretanto, a nossa época, a época da burguesia, caracteriza-se por haver simplificado os antagonismos de classe. Toda a sociedade divide-se mais e mais em dois grandes campos inimigos, em duas grandes classes, diretamente contrapostas — a burguesia e o proletariado.

Dos servos da Idade Média saíram os moradores dos arredores das primeiras cidades; desses se desenvolveram os primeiros elementos da burguesia.

A descoberta da América, a circum-navegação da África criaram um novo terreno para a burguesia ascendente. O mercado das Índias Orientais e da China, a colonização da América, o intercâmbio com as colônias, a multiplicação dos meios de troca e das mercadorias em geral deram ao comércio, à navegação, à indústria, um impulso até então desconhecido; e com isso um rápido desenvolvimento do elemento revolucionário na sociedade feudal em decadência.

O modo de funcionamento da indústria, até então feudal ou corporativo, não era mais suficiente para as crescentes necessidades dos novos mercados. A manufatura tomou o seu lugar. Os mestres de corporação foram substituídos pela camada média industrial; a divisão de trabalho entre as diferentes corporações desapareceu com a divisão do trabalho em cada oficina.

Mas os mercados continuavam a se expandir, as necessidades aumentavam. A própria manufatura já não era mais suficiente. Então, o vapor e a maquinaria revolucionaram a produção industrial. No lugar da manufatura, entrou a grande indústria moderna, no lugar da camada média industrial, entraram os milionários industriais, os chefes de exércitos industriais inteiros, os burgueses modernos.

A grande indústria criou o mercado mundial, preparando o caminho para a descoberta da América. O mercado mundial deu ao comércio, à navegação, às comunicações por terra um desenvolvimento incomensurável. Por sua vez, este influenciou a expansão da indústria, e, na mesma medida em que se expandiam a indústria, o comércio, a navegação, as estradas de ferro, se desenvolvia a burguesia; ela multiplicava seus capitais, empurrando as classes legadas pela Idade Média para segundo plano.

Nós vemos assim que a própria burguesia moderna é o produto de um longo processo de desenvolvimento, de uma série de transformações no modo de produção e de circulação.

Cada um desses estágios de desenvolvimento da burguesia foi acompanhado por um correspondente avanço político. [v1] Estamento oprimido sob o domínio dos senhores feudais, associação armada e autoadministrada na comuna,[4] aqui república municipal independente, ali Terceiro Estado tributário da monarquia,[v2] depois, no período da manufatura, contrapeso da nobreza na monarquia feudal ou absoluta e base principal das grandes monarquias em geral. Finalmente, desde o surgimento da grande indústria e do mercado mundial, ela conquistou no Estado representativo moderno o domínio político exclusivo. O poder do Estado moderno é apenas uma comissão que administra os negócios comuns de toda a classe burguesa.

A burguesia desempenhou na história um papel altamente revolucionário.

Onde quer que tenha conquistado a dominação, a burguesia destruiu todas as relações feudais, patriarcais, idílicas. Ela eliminou sem piedade todos os diversificados laços feudais que ligavam as pessoas aos seus superiores naturais, não deixando nenhum outro laço entre as pessoas que o puro interesse, que o frio "pagamento à vista". Ela afogou o sagrado calafrio do sentimentalismo piedoso, da inspiração fidalga, do sentimentalismo pequeno-burguês na água gelada do cálculo egoísta. Fez da dignidade humana um simples valor de troca; no lugar das inúmeras liberdades duramente conquistadas colocou a liberdade do comércio sem escrúpulo. Em uma palavra, ela colocou no lugar da exploração velada com ilusões políticas e religiosas a exploração aberta, descarada, direta, seca.

A burguesia despiu de sua auréola sagrada todas as atividades até agora consideradas veneráveis e com piedoso recato. Ela transformou o médico, o jurista, o padre, o poeta, o homem da ciência em seu trabalhador assalariado remunerado.

A burguesia arrancou das relações familiares seu véu pungente e sentimental, transformando-as em uma mera relação de dinheiro.

A burguesia revelou que a brutal manifestação de força, que a reação tanto admirava na Idade Média, encontra o seu natural complemento na ociosidade mais completa. Foi ela quem mostrou o que a atividade do homem pode gerar. Ela realizou obras maravilhosas totalmente diferentes das pirâmides egípcias, dos aquedutos romanos e das catedrais góticas; ela realizou caminhos totalmente diferentes das migrações entre os povos e as cruzadas.

A burguesia não pode existir sem revolucionar continuamente os instrumentos de produção, portanto as relações de produção, bem como o conjunto das relações sociais. Ao contrário, a conservação inalterada dos antigos modos de produção era a primeira condição de existência de todas as classes industriais anteriores. A permanente transformação da produção, a ininterrupta perturbação do conjunto da sociedade, a eterna insegurança e movimento diferencia a época burguesa de todas as[v3] anteriores. Todas as relações fixas e rígidas com o seu séquito de ideias e opiniões veneráveis são dissolvidas, todas as novas envelhecem antes que possam se ossificar. Tudo o que era sólido e permanente se desmancha no ar, tudo o que é sagrado é profanado, e as pessoas finalmente são obrigadas a encarar friamente sua posição na vida, suas relações comuns.

A burguesia ocupa todo o globo terrestre impelida pela necessidade de permanente ampliação da venda de seus produtos. Ela tem de se implantar em todas as partes, construir e estabelecer ligações em todos os cantos.

Através da[v4] exploração do mercado mundial, a burguesia imprime um caráter cosmopolita à produção e ao consumo de todos os países. Para grande pesar dos reacionários, ela retirou o solo nacional da indústria. As antigas indústrias nacionais foram eliminadas e continuam a ser eliminadas diariamente. Elas são substituídas por novas indústrias, cuja construção se torna uma questão vital para todas as nações civilizadas; indústrias que transformam não mais a matéria-prima local, mas a das zonas mais distantes, e cujos produtos são consumidos não apenas no próprio país, mas em todas as partes do mundo.

No lugar das velhas necessidades satisfeitas pela produção local, entram novas, que reclamam a sua satisfação com os produtos dos mais distantes países e dos climas mais variados. No lugar da simplicidade e do isolamento local e nacional antigos, entra um intercâmbio multilateral e uma dependência multilateral das nações entre si. E isso tanto na produção material como também na produção intelectual. As criações intelectuais de cada nação tornam-se um bem comum. A estreiteza e a unilateralidade nacionais tornam-se cada vez mais impossíveis, e das muitas literaturas nacionais e locais forma-se uma literatura mundial.

Com a rápida inovação de todos os instrumentos de produção, com as comunicações infinitamente facilitadas, a burguesia arrasta para a civilização até as nações mais bárbaras. Os preços baixos de suas mercadorias são a sua artilharia pesada que destrói todas as muralhas da China, que obriga à capitulação o mais obstinado ódio dos bárbaros ao estrangeiro. Ela obriga todas as nações a apropriarem-se do modo de produção burguês caso não queiram perecer; ela as obriga a introduzirem a chamada civilização, ou seja, a tornarem-se burguesas. Em uma palavra, ela cria um mundo segundo sua imagem e semelhança.

A burguesia submeteu o campo ao domínio da cidade. Ela criou enormes cidades, ela aumentou em muito a população das cidades em relação a dos campos, arrancando assim parte significativa da população do embrutecimento da vida rural. Assim como ela tornou o campo dependente da cidade, tornou os povos camponeses dependentes dos povos burgueses e o Oriente do Ocidente.

A burguesia elimina cada vez mais a dispersão dos meios de produção, da propriedade e da população. Ela aglomerou a população, centralizou os meios de produção e concentrou a propriedade em poucas mãos. A consequência necessária disso foi a centralização política. Províncias independentes, apenas aliadas, com diferentes interesses, leis, governos e alfândegas foram reunidas em uma só nação, um só governo, uma só lei, um só interesse nacional de classe, uma só barreira alfandegária.

Em seu domínio de classes de apenas um século, a burguesia criou forças de produção mais numerosas e colossais que todas as gerações passadas juntas. A submissão das forças da natureza, a maquinaria, o uso da química na indústria e na agricultura, a navegação a vapor, as estradas de ferro, os telégrafos elétricos, o cultivo de partes inteiras do mundo, a navegação dos rios, populações inteiras brotando da terra como por encanto — que século anterior podia pressentir que tais forças de produção estivessem adormecidas no seio do trabalho social?

Mas nós vimos:[v5] os meios de produção e de circulação que foram a base sobre a qual se formou a burguesia foram gerados na sociedade feudal. Em certo estágio de desenvolvimento desses meios de produção e de circulação, as relações em que a sociedade feudal produzia e trocava — a organização feudal da agricultura e da manufatura, em uma palavra as relações feudais de propriedade — não mais correspondiam às forças produtivas já desenvolvidas. Elas atravancavam a produção em vez de impulsioná-la. Elas transformaram-se em outros tantos grilhões. Elas tinham que ser quebradas e foram quebradas.

Em seu lugar veio a livre concorrência com a sua correspondente constituição social e política, com a dominação econômica e política da classe burguesa.

Hoje assistimos a um processo parecido. As relações burguesas de produção e de circulação, as relações burguesas de propriedade, a moderna sociedade burguesa, que conjurou meios de produção e de circulação tão poderosos, assemelha-se ao feiticeiro que não consegue mais dominar as forças infernais que evocou. Há décadas, a história da indústria e do comércio é somente a história da revolta das modernas forças produtivas contra as modernas relações de produção, contra as relações de propriedade que são as condições de existência da burguesia e de seu domínio. Basta mencionar as crises comerciais que em sua periódica recorrência ameaçam cada vez mais colocar em questão a existência de toda a sociedade burguesa. Nas crises comerciais são destruídas regularmente não apenas uma grande parte dos produtos fabricados como também das forças produtivas já criadas. Nas crises irrompe uma epidemia social que teria parecido um absurdo em épocas anteriores — a epidemia da superprodução. Repentinamente, a sociedade parece retornar a uma situação de barbárie momentânea; como se a fome, uma guerra de extermínio[v6] geral, a tivesse privado de todos os meios de subsistência; como se a indústria e o comércio tivessem sido destruídos. E por quê? Porque ela possui muita civilização, muitos meios de subsistência, muita indústria, muito comércio. As forças produtivas, que estão à sua disposição, não servem mais como estímulo da civilização burguesa[v7] e das relações burguesas de propriedade; ao contrário, elas se tornaram muito fortes para essas relações, e são por elas contidas; tão logo elas rompam essas travas, toda a sociedade burguesa é lançada na desordem, ameaçando a existência da propriedade burguesa. As relações burguesas tornaram-se muito limitadas para abranger a riqueza gerada por elas. Como a burguesia supera as crises? Por um lado, com a aniquilação forçada de uma massa de forças produtivas; por outro lado, com a conquista de novos mercados e a exploração mais sistemática dos velhos mercados. Mas de que modo? Preparando crises mais universais e mais fortes, e reduzindo os meios de preveni-las.

As armas usadas pela burguesia para acabar com o feudalismo agora se voltam contra ela mesma.

Mas a burguesia não apenas forjou as armas que lhe trazem a morte; gerou também os homens que as empunharão — os trabalhadores modernos, os *proletários*.

Na mesma medida em que a burguesia, isto é, o capital, se desenvolve, desenvolve-se também o proletariado, a classe dos trabalhadores modernos, que apenas podem viver caso encontrem trabalho, e apenas encontram trabalho aumentando o capital. Esses trabalhadores, condenados a venderem-se como peças, são uma mercadoria como qualquer outro artigo comercial, e igualmente submetidos a todas as vicissitudes da concorrência, a todas as oscilações do mercado.

Com a expansão da maquinaria e da divisão do trabalho, o trabalho dos proletários perdeu todo caráter autônomo, deixando de ser atrativo para o trabalhador. Ele torna-se um mero apêndice da máquina, do qual apenas se exige o manejo mais simples, monótono e fácil de ser aprendido. Os custos gerados pelo trabalhador limitam-se, portanto, quase apenas aos meios de subsistência necessários para o seu sustento e sua reprodução. Mas o preço de uma mercadoria, ou seja, também o do trabalho, é igual aos seus custos de produção. Na mesma medida em que aumentam as adversidades do trabalho, o salário diminui. E mais, na mesma medida em que aumenta a maquinaria e a divisão do trabalho, aumenta também a massa de trabalho,[v8] seja com o aumento das horas de trabalho, seja com a aceleração do ritmo das máquinas etc.

A indústria moderna transformou a pequena oficina do mestre da corporação patriarcal na grande fábrica dos industriais capitalistas. Massas de trabalhadores, amontoadas nas fábricas, são organizadas militarmente como soldados do exército da indústria, estão sob a vigilância de uma completa hierarquia de oficiais e suboficiais. São não apenas servos da classe burguesa, do Estado burguês, como também servos da máquina a cada dia e a cada hora, do inspetor e, sobretudo, do próprio dono da fábrica. Esse despotismo é ainda mais mesquinho, odioso e exasperante quanto mais abertamente ele proclama o lucro como sendo o seu último[v9] objetivo.

Quanto menos habilidade e força o trabalho manual exige, ou seja, quanto mais a indústria moderna se desenvolve, mais o trabalho de homens é substituído pelo trabalho de mulheres e crianças. As diferenças de sexo e de idade já não têm mais importância social para a classe trabalhadora. Existem apenas instrumentos de trabalho, que ocasionam custos diferentes, segundo a idade e o sexo.

Tão logo termina a exploração do trabalhador pelo fabricante e ele recebe o seu salário em dinheiro, ele é atingido pelas outras partes da burguesia: o senhorio, o comerciante, o penhorista etc.

A classe média baixa até aqui, os pequenos industriais, comerciantes e rentistas, os artesãos e camponeses caem nas fileiras do proletariado, ou porque o seu pequeno capital é insuficiente para uma grande indústria e sucumbe à concorrência com os capitalistas maiores, ou porque a sua habilidade é desvalorizada pelos novos modos de produção. Assim, o proletariado é recrutado em todas as classes.

O proletariado atravessa diversos estágios em seu desenvolvimento. Sua luta contra a burguesia começa com sua própria existência.

No início, lutas de trabalhadores isolados, depois os trabalhadores de uma fábrica, a seguir os trabalhadores de um ramo industrial de um lugar contra o burguês que os explora diretamente. Eles dirigem os seus ataques não apenas contra as relações de produção burguesas, mas contra os próprios instrumentos de produção; eles destroem as mercadorias concorrentes do exterior, golpeiam as máquinas, colocam fogo nas fábricas, buscam reconquistar[v10] a posição perdida do trabalhador da Idade Média.

Nesse estágio, os trabalhadores formam uma massa dispersa e dividida pela concorrência, por todo o país. A maior coesão dos trabalhadores não é ainda a consequência de sua própria união, mas da união da burguesia que, para conquistar seus objetivos políticos próprios, deve colocar em movimento o conjunto do proletariado, enquanto ainda o possa fazer.

Desse modo, nesse estágio, os proletários combatem não os seus inimigos, mas os inimigos de seus inimigos, os restos da monarquia absoluta, os proprietários de terra, a burguesia não industrial, os pequenos-burgueses. Todo o movimento histórico está concentrado então nas mãos da burguesia; cada vitória assim conquistada é uma vitória da burguesia.

Mas com o desenvolvimento da indústria não apenas o proletariado se multiplica; se aglomera em grandes massas, torna-se cada vez mais consciente de sua força que cresce. Os interesses, as condições de vida no interior do proletariado tornam-se cada vez mais iguais na medida em que a maquinaria suprime as diferenças no trabalho, empurrando por quase todas as partes o salário em um nível igualmente baixo. A crescente concorrência da burguesia entre si e as crises comerciais resultantes disso tornam o salário do trabalhador cada vez mais precário; a ininterrupta inovação das máquinas, que ocorre cada vez mais rapidamente, torna toda a sua vida cada vez mais insegura. Cada vez mais os conflitos entre trabalhadores e burgueses isolados assumem o caráter de colisões entre duas classes. Os trabalhadores começam a formar coalizões[v11] contra a burguesia; unem-se pela defesa de seus salários. Eles fundam associações mais permanentes para se prepararem para essas revoltas eventuais. Aqui e ali, irrompe novamente a luta.

De tempos em tempos os trabalhadores vencem, mas apenas provisoriamente. O verdadeiro resultado de suas lutas não é o êxito imediato, mas a união cada vez mais ampla dos trabalhadores. Ela é favorecida pelos crescentes meios de comunicação, gerados pela grande indústria e que colocam em contato os trabalhadores das diferentes localidades. Mas basta esse contato para centralizar as muitas lutas locais, que tenham o mesmo caráter, em uma luta nacional, em uma luta de classes. Mas toda luta de classes é uma luta política. E a união, que exigia dos homens da Idade Média séculos com seus caminhos vicinais, os proletários a conseguem com as estradas de ferro em poucos anos.

Essa organização dos proletários em classe, e com isso em partido político, é rompida novamente a cada momento pela concorrência entre os próprios trabalhadores. Mas ela ressurge sempre, mais forte, mais sólida, mais poderosa. Aproveitando-se das divisões da burguesia entre si, ela força o reconhecimento de interesses isolados dos trabalhadores sob a forma da lei. Assim como a lei das dez horas na Inglaterra.

De modo geral, as colisões da velha sociedade favorecem de diversas maneiras o processo de desenvolvimento do proletariado. A burguesia encontra-se em permanente luta: no início, contra a aristocracia; depois, contra partes da própria burguesia, cujos interesses entraram em contradição com o avanço da indústria; e sempre contra a burguesia de todos os demais países. Em todas essas lutas, ela se vê obrigada a apelar ao proletariado, a recorrer a sua ajuda e dessa forma arrastá-lo ao movimento político. Nesse caso, ela leva ao proletariado os elementos de sua própria formação,[v12] ou seja, armas contra si mesma.

Além disso, como já vimos, com o avanço da indústria partes inteiras da classe dominante são lançadas no proletariado, ou pelo menos ameaçadas em suas condições de vida. Também elas fornecem ao proletariado uma massa de elementos de formação.[v13]

Finalmente, quando a luta de classes se aproxima da decisão, o processo de dissolução no interior das classes dominantes, no interior de toda a antiga sociedade, assume um caráter tão intenso, tão agudo que uma pequena parcela da classe dominante se desliga desta e se junta à classe revolucionária, à classe que porta o futuro em suas mãos. Tal como antes uma parte da nobreza passou para o lado da burguesia, agora uma parte da burguesia passa para o lado do proletariado, especialmente a parte dos ideólogos burgueses que atingiram a compreensão teórica de todo o movimento histórico.

De todas as classes que atualmente confrontam a burguesia, o proletariado é a única classe verdadeiramente revolucionária. As demais classes malogram e desaparecem com o desenvolvimento da grande indústria; o proletariado é o seu mais autêntico produto.

As camadas médias, os pequenos industriais, os pequenos comerciantes, os artesãos, os camponeses, todos eles lutam contra a burguesia para assegurar a sua existência enquanto camada média frente ao declínio. Portanto, elas não são revolucionárias, mas conservadoras. Mais ainda, elas são reacionárias, pois tentam fazer voltar para trás a roda da história. Se são revolucionárias é apenas diante de sua iminente passagem para o proletariado, quando defendem não os seus interesses atuais, mas os seus interesses futuros, abandonando o seu próprio ponto de vista para se colocar no do proletariado.

O lumpemproletariado, essa putrefação passiva das camadas mais baixas da velha sociedade, esporadicamente pode ser colocado em movimento por uma revolução proletária, mas por suas condições de vida está predisposto a deixar-se vender para atividades reacionárias.

As condições de vida da velha sociedade já estão destruídas nas condições de vida do proletariado. O proletário não tem propriedade; sua relação com a mulher e os filhos já não tem nada mais em comum com a relação familiar burguesa; o trabalho industrial moderno, a submissão moderna ao capital, a mesma na Inglaterra como na França, nos Estados Unidos como na Alemanha, já lhe retirou qualquer caráter nacional. As leis, a moral, a religião também são para ele meros preconceitos burgueses, atrás dos quais se ocultam outros tantos interesses burgueses.

Todas as classes que conquistaram a dominação no passado procuraram assegurar as suas condições de vida já conquistadas submetendo o conjunto da sociedade às condições de sua conquista. Os proletários só podem conquistar as forças produtivas sociais abolindo o seu próprio modo de apropriação, e com isso todo modo de apropriação existente até agora. Os proletários nada têm de seu para assegurar, eles têm que destruir todas as garantias e seguranças particulares existentes.

Até agora, todos os movimentos foram movimentos de minorias ou em interesse de minorias. O movimento operário é o movimento autônomo da imensa maioria em interesse da imensa maioria. O operariado, a camada mais baixa da sociedade atual, não pode se levantar, se constituir, sem fazer explodir toda a superestrutura de camadas que formam a sociedade oficial.

Ainda que não no conteúdo, na forma a luta do proletariado contra a burguesia é inicialmente nacional. O proletariado de cada país naturalmente tem de lidar primeiro com sua própria burguesia.

Ao esboçarmos as fases mais gerais do desenvolvimento do proletariado, nós acompanhamos a guerra civil mais ou menos encoberta no interior da sociedade existente, até o ponto em que ela irrompe em uma revolução aberta e o proletariado funda o seu domínio com a derrubada violenta da burguesia.

Como nós vimos, todas as sociedades existentes até agora se apoiavam no antagonismo entre classes opressoras e classes oprimidas. Mas, para se poder oprimir uma classe, é preciso garantir as condições que possam prorrogar pelo menos a sua existência servil. O servo tornou-se membro da comuna na servidão, assim como o pequeno-burguês se tornou burguês sob o jugo do absolutismo feudal. Ao contrário, o trabalhador moderno, em vez de subir com o avanço da indústria, cai cada vez mais profundamente abaixo das condições de sua própria classe. O trabalhador torna-se indigente e o pauperismo desenvolve-se mais rapidamente[v14] que a população e a riqueza. Assim, torna-se evidente que a burguesia é incapaz de permanecer por muito tempo como classe dirigente da sociedade e de impor como lei reguladora as suas condições de existência para a sociedade. Ela é incapaz de dominar porque é incapaz de assegurar aos seus escravos a existência no interior de sua própria escravidão, porque ela é obrigada a deixá-lo cair em uma situação em que ela deve alimentá-lo, em vez de ser alimentada por ele. A sociedade não pode mais viver sob a sua dominação, ou seja, a sua vida tornou-se incompatível com a sociedade.

A condição essencial para a existência e para o domínio da burguesia é a acumulação da riqueza em mãos privadas, a formação e multiplicação do capital. A condição do capital é o trabalho assalariado. O trabalho assalariado apoia-se exclusivamente na concorrência dos trabalhadores entre si. O progresso da indústria, cujo portador involuntário e passivo é a burguesia, substitui o isolamento dos trabalhadores na concorrência por sua união revolucionária em associações. Assim, o desenvolvimento da grande indústria retira da burguesia, sob seus pés, a própria base sobre a qual ela produz e se apropria dos produtos. Ela produz sobretudo os seus próprios coveiros. A sua queda e a vitória do proletariado são igualmente inevitáveis.

## II
## Proletários e comunistas

Qual é a relação dos comunistas com o proletariado em geral?

Os comunistas não são um partido especial em oposição aos demais partidos operários.

Eles não têm interesses separados dos interesses do conjunto do proletariado.

Não proclamam princípios particulares,[v15] segundo os quais queiram moldar o movimento operário.

Os comunistas diferenciam-se dos demais partidos proletários apenas porque, por um lado, nas diversas lutas nacionais do proletariado eles levantam e fazem prevalecer os interesses comuns do conjunto do proletariado, independentemente da nacionalidade; por outro lado, nos diferentes estágios de desenvolvimento que a luta entre o proletariado e a burguesia atravessa, eles sempre representam o interesse do conjunto do movimento.

Assim, os comunistas são, na prática, a parte mais decidida, a que sempre impulsiona os partidos operários de todos os países; teoricamente eles têm a vantagem em relação à massa do proletariado do entendimento sobre as condições, o processo e os resultados gerais do movimento operário.

O objetivo imediato dos comunistas é o mesmo dos demais partidos operários: formação do proletariado enquanto classe, derrubada da dominação burguesa, conquista do poder político pelo proletariado. Os princípios comunistas de modo algum se apoiam em ideias ou princípios inventados ou descobertos por este ou aquele reformador do mundo.

Eles são apenas a expressão geral das relações reais de uma luta de classes existente, de um movimento histórico que ocorre diante de nossos olhos. A abolição das atuais relações de propriedade não é uma característica peculiar ao comunismo.

Todas as relações de propriedade estiveram em constante mudança, submetidas a uma permanente transformação histórica.

A Revolução Francesa, por exemplo, aboliu a propriedade feudal em benefício da burguesa.

O que caracteriza o comunismo não é a abolição da propriedade em geral, mas a abolição da propriedade burguesa.

Porém, a moderna propriedade burguesa é a última e mais completa expressão da produção e apropriação de produtos baseadas em antagonismos de classes, na exploração de umas pela outras.[v16]

Nesse sentido, os comunistas podem resumir sua teoria em uma expressão: supressão da propriedade privada.

Nós, comunistas, temos sido acusados de querer eliminar a propriedade pessoal, fruto do trabalho próprio, que seria a base de toda liberdade, atividade e autonomia pessoais.

Propriedade pessoal, fruto do trabalho e do mérito! Falais da propriedade do pequeno-burguês, do pequeno camponês, que precedia a propriedade burguesa? Não precisamos aboli-la, pois o desenvolvimento da indústria já a aboliu e continua abolindo-a diariamente.

Ou falais da moderna propriedade privada burguesa?

Mas o trabalho assalariado, o trabalho do proletário, lhe cria propriedade? De modo algum. Ele cria o capital, quer dizer, a propriedade que explora o trabalho assalariado e que só pode aumentar sob a condição de gerar novo trabalho assalariado, para ser novamente explorado. Em sua forma atual, a propriedade se move no antagonismo entre capital e trabalho assalariado. Examinemos ambos os lados desse antagonismo.

Ser capitalista significa ocupar não apenas uma simples posição pessoal na produção, mas uma posição social. O capital é um produto coletivo e apenas pode ser colocado em movimento pela atividade comum de muitos membros, sim, em última instância, apenas pela atividade comum de todos os membros da sociedade.

Portanto, o capital não é um poder pessoal, é um poder social.

Assim, se o capital é transformado em propriedade comum, pertencente a todos os membros da sociedade, não é a propriedade pessoal que se transforma em social. É apenas o caráter social da propriedade que se transforma. Ela perde o seu caráter de classe.

Vejamos o trabalho assalariado:

O preço médio do trabalho assalariado é o mínimo do salário, quer dizer, é a soma dos viveres necessários para manter o trabalhador, enquanto tal, vivo. Assim, aquilo de que o trabalhador se apropria por meio de sua atividade é apenas o suficiente para a reprodução de sua existência. Nós não queremos eliminar de modo algum essa apropriação pessoal do produto do trabalho para a reprodução da vida humana; uma apropriação que não produz nenhum benefício que poderia conferir poder sobre o trabalho alheio. Nós queremos apenas suprimir o caráter miserável dessa apropriação, que faz com que o trabalhador viva apenas para aumentar o capital e só viva tal como exige o interesse da classe dominante.

Na sociedade burguesa, o trabalho vivo é apenas um meio para aumentar o trabalho acumulado. Na sociedade comunista, o trabalho acumulado é apenas um meio para ampliar, enriquecer e apoiar a vida do trabalhador.

Desse modo, na sociedade burguesa o passado domina o presente; na sociedade comunista o presente domina o passado. Na sociedade burguesa o capital é autônomo e pessoal, enquanto o indivíduo que trabalha é dependente e impessoal.

E a supressão dessa relação é chamada pela burguesia como supressão da personalidade e da liberdade! E com razão. Na verdade, efetivamente se trata da supressão da personalidade, da autonomia e da liberdade burguesas.

No interior das relações de produção burguesas atuais, por liberdade se entende o livre-comércio, a liberdade de comprar e vender.

Mas, se cai o tráfico, cai também a liberdade de traficar. A fraseologia sobre o tráfico livre, como todas as demais bravatas de nosso burguês, só tem sentido em oposição ao tráfico constrangido, em oposição ao burguês subjugado da Idade Média, mas não em contraste com a supressão comunista do tráfico, das relações burguesas de produção e da própria burguesia.

Horrorizai-vos porque nós queremos abolir a propriedade privada. Mas em vossa sociedade a propriedade privada foi suprimida para nove décimos de seus membros; ela existe precisamente por não existir para nove décimos. Portanto, censurai-nos porque nós queremos suprimir uma propriedade que tem como pressuposto a falta de propriedade para a grande maioria da sociedade.

Em uma palavra, censurai-nos porque nós queremos suprimir vossa propriedade. Realmente, é isso que queremos.

A partir do momento em que o trabalho não possa mais ser transformado em capital, dinheiro, renda da terra, em suma, em um poder social monopolizável, ou seja, a partir do momento em que a propriedade pessoal não possa converter-se mais em burguesa, declarais que a pessoa seria eliminada.

Admitis então que, como pessoa, vós entendeis ninguém mais que o burguês, o proprietário burguês. E essa pessoa sem dúvida tem que ser eliminada.

O comunismo não priva ninguém do poder de se apropriar de produtos sociais; ele suprime apenas o poder de subjugar trabalho alheio com essa apropriação.

Alegou-se que, com a supressão da propriedade privada, cessaria toda a atividade e se propagaria uma preguiça generalizada.

Se fosse assim, a sociedade burguesa já teria a muito tempo sucumbido na indolência; pois os que nela trabalham não adquirem, e os que adquirem não trabalham. Toda a consideração termina em tautologia: não haverá mais trabalho assalariado quando não mais existir capital.

Todas as objeções dirigidas contra o modo comunista de apropriação e produção dos produtos materiais também foram estendidas à apropriação e produção dos produtos intelectuais. Como para o burguês o fim da propriedade de classe é também o fim da própria produção, então para ele o fim da educação de classe equivale ao fim da educação em geral.

A educação cuja perda ele lamenta é para a enorme maioria a formação para a máquina.

Mas não discutais conosco medindo a eliminação da propriedade burguesa com vossas ideias burguesas de liberdade, educação, direito etc. Vossas próprias ideias são produtos das relações de produção e de propriedade burguesas, tal como vosso direito é apenas a vossa vontade de classe erigida em lei, cujo conteúdo é dado pelas condições materiais de existência de vossa classe.

A ideia interesseira pela qual transformais as vossas relações de produção e de propriedade de relações históricas, passageiras no curso da produção, em leis eternas da natureza e da razão, compartilhais com todas as classes dominantes extintas. O que compreendeis para a propriedade antiga, o que compreendeis para a propriedade feudal, não podeis compreender para a propriedade burguesa.

Eliminação da família! Mesmo os mais radicais se indignam com essa vergonhosa intenção dos comunistas.

Mas no que se baseia a família atual, a família burguesa? No capital, no ganho privado. Ela só existe completamente desenvolvida para a burguesia; mas encontra o seu complemento na forçada falta de família do proletário e na prostituição pública.

A família do burguês acaba naturalmente com o fim desse seu complemento, e ambos desaparecem com o desaparecimento do capital.

Acusai-nos por querermos eliminar a exploração das crianças por seus pais? Nós confessamos esse crime.

Mas dizeis que queremos destruir a mais íntima relação substituindo a educação doméstica pela social.

E vossa educação não é determinada também pela sociedade? Pelas relações sociais em que educais, pela intervenção direta ou indireta da sociedade, pela escola etc.? Os comunistas não inventam a influência da sociedade sobre a educação; eles apenas transformam o seu caráter, eles retiram a educação da influência da classe dominante.

O discurso burguês sobre a família e a educação, sobre a meiga relação entre pais e filhos, torna-se mais repugnante quanto mais, como consequência da grande indústria, todos os laços familiares são arrancados do proletário e as crianças são transformadas em meros artigos comerciais e instrumentos de trabalho.

"Mas vós comunistas quereis introduzir a comunidade das mulheres", grita-nos toda a burguesia em coro.

O burguês vê a sua mulher como um simples instrumento de produção. Ele ouve dizer que os instrumentos de produção serão explorados coletivamente, e naturalmente não pode deixar de pensar que as mulheres terão o mesmo destino.

Não percebe que se trata precisamente de eliminar a posição da mulher enquanto mero instrumento de produção.

Aliás, nada é mais ridículo que o espanto moralista de nosso burguês sobre a suposta oficial comunidade de mulheres dos comunistas. Os comunistas não precisam implantar a comunidade de mulheres, ela existiu quase sempre.

Nossos burgueses, insatisfeitos com o fato de que as mulheres e as filhas dos proletários estejam a sua disposição, sem falar da prostituição oficial, têm o maior prazer em seduzir as esposas uns dos outros.

Na realidade, o casamento burguês é a comunidade das esposas. No máximo, se poderia acusar os comunistas de querer implantar no lugar de uma hipócrita e oculta comunidade de mulheres, uma oficial, aberta. Ademais, é evidente que, com a supressão das atuais relações de produção, desaparece também a comunidade de mulheres que dela decorre, ou seja, a prostituição oficial e não oficial.

Os comunistas também são acusados de querer abolir a pátria, a nacionalidade. Os trabalhadores não têm pátria. Não se lhes pode retirar aquilo que não têm. Na medida em que o proletariado tem de conquistar inicialmente a dominação política, elevar-se à condição de classe nacional,[v17] deve constituir-se como nação, ela ainda é nacional, ainda que de modo algum no sentido da burguesia.

Os isolamentos e os antagonismos dos povos desaparecem cada vez mais já com o desenvolvimento da burguesia, com a liberdade comercial, com o mercado mundial, com a uniformidade da produção industrial e das suas correspondentes condições de vida.

O domínio do proletariado fará com que desapareçam ainda mais depressa. Ação unificada, ao menos nos países civilizados, é uma das primeiras condições de sua libertação.

À medida que seja eliminada a exploração de um indivíduo por outro, será eliminada a exploração de uma nação por outra. Com o fim do antagonismo de classe no interior das nações, desaparece a hostilidade das nações entre si.

As acusações contra o comunismo feitas a partir de pontos de vista religiosos, filosóficos e ideológicos em geral não merecem uma discussão detalhada.

Será preciso um conhecimento profundo para entender que com as condições de vida das pessoas, com suas relações sociais, com sua existência social, mudam também suas ideias, opiniões e conceitos, em uma palavra, muda a sua consciência?

A história das ideias não prova que a produção intelectual se transforma com a material? As ideias dominantes de uma época sempre foram apenas as ideias da classe dominante.

Quando se fala de ideias que revolucionariam toda uma sociedade, com isso apenas se exprime o fato de que no interior da velha sociedade formaram-se os elementos de uma nova, que com a dissolução das velhas condições de vida se dissolvem também as velhas ideias.

Quando o mundo antigo estava em declínio, as velhas religiões foram vencidas pela religião cristã. Quando as ideias cristãs sucumbiam às ideias iluministas no século XVIII, a sociedade feudal travava a sua luta de morte com a então revolucionária burguesia. As ideias da liberdade de consciência e de religião apenas manifestavam o domínio da livre concorrência no âmbito da consciência.[v18]

"Mas", dirão, "as ideias religiosas, morais, filosóficas, políticas, jurídicas etc. realmente modificaram-se ao longo do desenvolvimento histórico. A religião, a moral, a filosofia, a política, o direito sobreviveram a essa mudança. Além disso, há verdades eternas, como liberdade, justiça etc., que são comuns a todas as condições sociais. Mas o comunismo elimina as verdades eternas, ele elimina a religião, a moral, em vez de configurá-las de novo, contradizendo assim todos os desenvolvimentos históricos ocorridos até agora".

A que se reduz essa acusação? A história de toda a sociedade até hoje se move em antagonismos de classe, que assumiram formas diferentes em diferentes épocas.

Qualquer que tenha sido a forma assumida por ela, a exploração de uma parte da sociedade por outra é um fato comum em todos os séculos passados. Portanto, não é de admirar que, apesar de toda a variedade e diferença, a consciência social de todos os séculos se mova em certas formas comuns, em formas de consciência que somente com o completo desaparecimento do antagonismo de classe se dissolverão inteiramente.

A revolução comunista é a ruptura mais radical com todas as relações de propriedade legadas; portanto, não admira que no seu processo de desenvolvimento se rompa do modo mais radical com as ideias legadas.

Mas deixemos as objeções da burguesia contra o comunismo.

Nós já vimos acima que o primeiro passo da revolução dos trabalhadores é a elevação do proletariado à condição de classe dominante, à conquista da democracia.

O proletariado usará sua supremacia política para arrancar pouco a pouco todo o capital da burguesia, para centralizar todos os instrumentos de produção nas mãos do Estado, ou seja, do proletariado organizado como classe dominante, e para aumentar o mais rapidamente possível a massa das forças de produção.

Naturalmente, isso só poderá ocorrer no início por meio de intervenções despóticas no direito de propriedade e nas relações burguesas de produção; isto é, por medidas que parecem economicamente insuficientes e insustentáveis, mas que se superarão no desenrolar do movimento e são indispensáveis como meio para a transformação de todo o modo de produção.

Essas medidas serão naturalmente diferentes segundo os países.

Porém, nos países mais avançados, as medidas a seguir poderão ser aplicadas:

1. Expropriação da propriedade fundiária e aplicação da renda da terra para despesas do Estado.

2. Imposto progressivo forte.

3. Abolição do direito de herança.

4. Confisco da propriedade de todos os emigrantes e rebeldes.

5. Centralização do crédito nas mãos do Estado por um banco nacional com capital do Estado e monopólio.

6. Centralização do sistema de transporte nas mãos do Estado.

7. Aumento das fábricas nacionais, dos instrumentos de produção, cultivo e melhoramento da terra segundo um plano comum.

8. Obrigação de trabalho para todos, organização de exércitos industriais, especialmente para a agricultura.

9. Unificação do trabalho agrícola e industrial, atuação para a superação gradual do antagonismo[v19] entre a cidade e o campo.

10. Educação pública e gratuita para todas as crianças. Fim do trabalho fabril de crianças na sua forma atual. Ligação da educação com a produção material etc. etc.

Com o fim das diferenças entre as classes no curso do desenvolvimento e com a concentração de toda produção nas mãos dos indivíduos associados, o poder público perde então o caráter político. O poder político, propriamente dito, é o poder organizado de uma classe para a opressão de outra. Se o proletariado em luta contra a burguesia necessariamente se unifica em classe, se com a revolução ela se torna classe dominante e enquanto classe dominante ela suprime violentamente as velhas relações de produção, com essas relações de produção ela suprime então as condições de existência do antagonismo de classes, as[v20] classes em geral e, assim, seu próprio domínio como classe.

No lugar da velha sociedade burguesa, com suas classes e antagonismos de classe, surge uma associação na qual o livre desenvolvimento de cada um é condição para o livre desenvolvimento de todos.

# III
# Literatura socialista e comunista

## 1. O socialismo reacionário

### a) O socialismo feudal

Por sua posição histórica, as aristocracias francesas e inglesas viram-se chamadas a escrever panfletos contra a sociedade burguesa moderna. Na revolução francesa de julho de 1830, no movimento de reforma inglês, elas sucumbiram novamente ao odiado arrivista. Não se podia mais falar de uma luta política séria. Só restava a luta literária. Mas também no terreno da literatura as velhas expressões do tempo da restauração[5] tornaram-se impossíveis. Para despertar simpatia, a aristocracia tinha de, aparentemente, perder de vista os seus interesses e formular a sua ata de acusação contra a burguesia apenas no interesse da classe trabalhadora explorada. Ela se entregou ao prazer de cantar sátiras ao seu novo senhor e de lhe sussurrar ao ouvido profecias sinistras.

Desse modo surgiu o socialismo feudal, meio lamento, meio pasquim; meio eco do passado, meio sussurro do futuro, às vezes atingindo a burguesia no coração com um juízo amargo, engenhoso, lacerante, mas sempre com efeito cômico pela completa incapacidade de compreender o curso da história moderna.

Ela agitava como bandeira na mão a sacola da esmola proletária para reunir o povo atrás de si. Mas sempre que ele a seguia, via no seu traseiro os antigos brasões feudais e dispersava-se em gargalhadas sonoras e irreverentes.

Uma parte dos legitimistas franceses e a "Jovem Inglaterra" ofereceram esse espetáculo da melhor maneira.

Quando os feudais demonstram que seu modo de exploração foi diferente da exploração burguesa, eles apenas se esquecem que exploravam em circunstâncias e condições completamente diferentes e já ultrapassadas. Quando eles comprovam que sob seu domínio não existia o proletariado, eles apenas se esquecem de que exatamente a burguesia moderna foi o fruto de sua ordem social.

De resto, eles dissimulam tão pouco o caráter reacionário de sua crítica que a sua principal acusação contra a burguesia precisamente consiste em afirmar que sob o seu regime teria se desenvolvido uma classe que irá explodir a velha ordem social.

Eles reprovam mais a burguesia por haver gerado um proletariado revolucionário do que um proletariado em geral.

Por isso, na prática política participam de todas as medidas violentas contra a classe trabalhadora; e na vida comum contentam-se em colher as maçãs de ouro[v21] e trapacear lealdade, amor e honra por lã, açúcar de beterraba e aguardente.[6]

Tal como o padre caminhava sempre de mãos dadas com os senhores feudais, caminha o socialismo clerical com o socialismo feudal.

Nada mais fácil do que cobrir o ascetismo cristão com uma aparência socialista. O cristianismo também não vociferou contra a propriedade privada, o casamento e o Estado? Em seu lugar, ele não pregou a caridade e a pobreza, o celibato e o castigo da carne, a vida monástica e a Igreja? O socialismo cristão[v22] é apenas a água benta com a qual o padre abençoa o desgosto do aristocrata.

### b) O socialismo pequeno-burguês

A aristocracia feudal não é a única classe derrubada pela burguesia cujas condições de vida arruínam-se e desaparecem na sociedade burguesa moderna. A burguesia medieval dos arredores dos burgos e o pequeno campesinato foram os antecessores da burguesia moderna. Nos países onde o comércio e a indústria são menos desenvolvidos, essa classe ainda continua a vegetar ao lado da burguesia ascendente.

Nos países em que se desenvolveu a moderna civilização, formou-se uma nova pequena burguesia, que paira entre o proletariado e a burguesia, formando-se sempre de novo como parte complementar da sociedade burguesa, porém cujos membros são lançados no proletariado continuamente pela concorrência. E, com o desenvolvimento da grande indústria, eles veem se aproximar o momento em que desaparecerão completamente como parte autônoma da sociedade moderna, sendo substituídos no comércio, na manufatura e na agricultura por capatazes e criados.

Em países como a França, onde a classe camponesa constitui bem mais que a metade da população, era natural que os escritores que se apresentavam pelo proletariado contra a burguesia usassem a medida pequeno-burguesa e do pequeno camponês na sua crítica do regime burguês e tomassem partido pelos operários do ponto de vista da pequena burguesia. Formava-se, assim, o socialismo pequeno-burguês. Sismondi é o líder dessa literatura não apenas na França como também na Inglaterra.

Esse socialismo analisou minuciosamente as contradições nas relações de produção modernas. Ele desmascarou os disfarces hipócritas dos economistas. Ele demonstrou de modo irrefutável o efeito destruidor da maquinaria e da divisão do trabalho, a concentração do capital e da propriedade da terra, a superprodução, as crises, a decadência necessária dos pequeno-burgueses e camponeses, a miséria do proletariado, a anarquia na produção, as gritantes desigualdades na distribuição da riqueza, a guerra de extermínio industrial entre as nações, a dissolução dos velhos costumes, das velhas relações familiares e das velhas nacionalidades.

Entretanto, no seu conteúdo positivo, esse socialismo ou quer restabelecer os velhos meios de produção e de troca, ou quer prender violentamente os modernos meios de produção e de troca no quadro das velhas relações de propriedade, que foram destruídas por eles e tinham de ser destruídas. Em ambos os casos, é, ao mesmo tempo, tanto reacionário como utópico. Suas últimas palavras são regime corporativo na manufatura e economia patriarcal no campo.

Em seu desenvolvimento posterior, essa corrente se perdeu em uma ressaca covarde.[v23]

c) O socialismo alemão ou o "verdadeiro" socialismo

A literatura socialista e comunista da França, que surgiu sob a pressão de uma burguesia dominante e foi a expressão literária da luta contra essa dominação, foi introduzida na Alemanha em um período em que a burguesia começava a sua luta contra o absolutismo feudal.

Filósofos alemães, pretensos filósofos e estetas apropriaram-se avidamente dessa literatura, e apenas esqueceram que, com a importação desses escritos da França, não foram importadas ao mesmo tempo as condições francesas de vida. Perante as condições alemãs, a literatura francesa perdeu todo o seu significado prático direto e assumiu um puro aspecto literário. Ela tinha de aparecer como especulação ociosa sobre a "verdadeira" sociedade,[v24] sobre a realização da essência humana. Assim, para os filósofos alemães do século XVIII, as exigências da primeira Revolução Francesa tinham apenas o sentido de serem exigências da "razão prática" em geral; e a volição da burguesia revolucionária francesa significava para os seus olhos a lei da vontade, da vontade como deve ser, da verdadeira vontade humana.

O único trabalho dos literatos alemães consistia em colocar as novas ideias francesas em concordância com a sua velha consciência filosófica, ou bem mais em apropriar-se das ideias francesas a partir do seu ponto de vista filosófico.

Essa apropriação ocorreu do mesmo modo como se apropria de uma língua estrangeira, pela tradução.

Sabe-se como os monges transcreveram os manuscritos das obras clássicas da velha antiguidade pagã com hagiografias católicas insípidas. Os literatos alemães procediam ao contrário com a literatura profana francesa. Eles escreviam seus disparates filosóficos depois do original francês, por exemplo, depois da crítica francesa da relação monetária, eles escreviam a "alienação da essência humana"; e depois da crítica francesa do Estado burguês eles escreviam "superação do domínio do geral abstrato", etc.

Eles batizaram essa interpolação de seu discurso filosófico sob as condições francesas de "filosofia da ação", "socialismo verdadeiro", "ciência do socialismo alemão", "fundamentação filosófica do socialismo", etc.

Desse modo, a literatura socialista e comunista francesa formalmente foi mutilada. E como em mãos alemãs ela deixava de expressar a luta de uma classe contra outra, o alemão estava consciente de superar a "unilateralidade francesa", de representar no lugar das verdadeiras necessidades a necessidade da verdade, e no lugar dos interesses do proletariado representar os interesses da essência humana, do homem em geral; do homem que não pertence a classe alguma, que não existe na realidade, mas apenas no céu nebuloso da fantasia filosófica.

Esse socialismo alemão que levou tão a sério e solenemente seus canhestros exercícios escolares que propalava-os como charlatão, pouco a pouco perdeu a sua inocência pedante.

A luta da burguesia alemã, especialmente da burguesia prussiana contra os feudais e a monarquia absoluta, em uma palavra, o movimento liberal, tornou-se mais séria.

Assim, criou-se para o "verdadeiro" socialismo a tão desejada oportunidade de contrapor ao movimento político as reivindicações socialistas, de lançar os anátemas tradicionais contra o liberalismo, contra o Estado representativo, contra a concorrência burguesa, a liberdade de imprensa burguesa, o direito burguês, a liberdade e a igualdade burguesas; e de pregar às massas populares que não teriam nada a ganhar com esse movimento burguês, mas, ao contrário, tudo a perder. O socialismo alemão esquecia oportunamente que a crítica francesa, da qual ele era um eco insípido, pressupõe condições de vida materiais correspondentes e adequada constituição política, pressupostos verdadeiros que na Alemanha ainda estavam por ser conquistados.

Ele serviu aos governos absolutistas alemães, com seu séquito de padres, mestres de escola, fidalgos de aldeia e burocratas como bem-vindo espantalho contra a ameaçadora burguesia ascendente.

Ele foi o complemento açucarado das amargas chicotadas e balas de fuzil, com as quais os mesmos governos respondiam às rebeliões dos trabalhadores alemães.

Se o "verdadeiro" socialismo desse modo tornou-se uma arma nas mãos dos governos contra a burguesia alemã, ele representava então diretamente um interesse reacionário, o interesse dos moradores dos arredores das primeiras cidades alemãs.[v25] Na Alemanha, a pequena burguesia — legada pelo século XVI e, desde então, ressurgindo sempre sob novas formas — constitui a verdadeira base das condições existentes.

A sua conservação é a conservação das condições alemãs existentes. Do domínio industrial e político da burguesia ela teme o declínio assegurado, por um lado, como consequência da concentração do capital, por outro, pelo aparecimento de um proletariado revolucionário. Para a pequena burguesia, o "verdadeiro" socialismo parecia matar dois coelhos com uma cajadada. Ele difundiu-se como uma epidemia.

Com traje tecido com teias de aranha especulativas, bordado com a retórica idealista, empapado com orvalho sentimental, esse traje extravagante, com o qual os socialistas alemães envolviam suas poucas "verdades eternas" fossilizadas, apenas aumentava a venda de sua mercadoria a esse público.

Por seu lado, o socialismo alemão reconhecia cada vez mais a sua vocação de ser o representante grandiloquente desses moradores dos arredores dos burgos.

Ele proclamava a nação alemã como a nação normal e o pequeno-burguês alemão[v26] como a pessoa normal. Ele conferiu a toda sua infâmia um sentido oculto, superior, socialista, que significava o contrário daquilo que era. Foi até as últimas consequências ao apresentar-se diretamente contra a orientação "barbaramente destrutiva" do comunismo, e ao anunciar a sua superioridade imparcial sobre todas as lutas de classe. Com raras exceções, tudo o que circula na Alemanha de escritos supostamente socialistas e comunistas pertence a essa literatura suja e irritante.[7]

## 2. O socialismo conservador ou burguês

Uma parte da burguesia deseja remediar as más condições sociais para assegurar a existência da sociedade burguesa.

Dela fazem parte economistas, filantropos, benfeitores, melhoradores da situação da classe trabalhadora, organizadores de caridades, protetores dos animais, fundadores de associações de bons costumes, reformadores dos mais variados tipos. E também esse socialismo foi elaborado em termos de sistemas completos.

Como exemplo, mencionemos a *Filosofia da miséria*, de Proudhon.

Os socialistas burgueses desejam as condições de vida da sociedade moderna sem as lutas e os perigos que dela necessariamente decorrem. Eles desejam a sociedade existente sem os seus elementos revolucionários e dissolventes. Eles desejam a burguesia sem o proletariado. Naturalmente, a burguesia concebe o mundo em que domina como sendo o melhor dos mundos. O socialismo burguês elabora essa consoladora representação como meio sistema ou como sistema integral. Quando exorta o proletariado a realizar seu sistema para[v27] entrar na nova Jerusalém, no fundo exige apenas que ele continue na sociedade atual tal como está, porém sem suas representações odiosas.

Uma segunda forma, menos sistemática e mais prática, do socialismo conservador procura retirar da classe trabalhadora qualquer impulso revolucionário com a justificativa de que não será essa ou aquela mudança política que lhe trará benefício, mas apenas a mudança das condições materiais de vida, das relações econômicas. Por mudança das condições materiais de vida, esse socialismo não entende em absoluto a eliminação das relações burguesas de produção, que só é possível por via revolucionária, mas melhorias administrativas com base nessas relações de produção. Ou seja, nenhuma mudança na relação entre capital e trabalho assalariado, mas, na melhor das hipóteses, a diminuição dos custos da burguesia para o seu domínio e a simplificação de seu orçamento estatal.

O socialismo burguês adquire a sua expressão correspondente apenas quando se torna mera figura de retórica.

Comércio livre!, no interesse da classe trabalhadora. Tarifas protecionistas!, no interesse da classe trabalhadora. Prisões celulares!, no interesse da classe trabalhadora. Eis a última palavra do socialismo burguês, a única pronunciada a sério.

Seu socialismo consiste[v28] precisamente na afirmação de que os burgueses são burgueses — no interesse da classe trabalhadora.

## 3. O socialismo e o comunismo crítico-utópicos

Nós não falamos aqui da literatura que expressou em todas as grandes revoluções modernas as reivindicações do proletariado (os escritos de Babeuf, etc.).

As primeiras tentativas do proletariado de impor diretamente seu próprio interesse de classe em um período de agitação geral, na época da queda da sociedade feudal, necessariamente fracassavam não apenas por sua condição pouco desenvolvida, como também pela ausência das condições materiais de sua libertação, que apenas surgem como produto da época burguesa. A literatura revolucionária que acompanhou esses primeiros movimentos do proletariado é em seu conteúdo necessariamente reacionária. Ela ensina um ascetismo geral e um igualitarismo grosseiro.

Os sistemas propriamente socialistas e comunistas, os sistemas de Saint Simon, Fourier, Owen, etc., surgem no primeiro período, pouco desenvolvido, da luta entre o proletariado e a burguesia, que nós apresentamos acima. (Ver a parte "Burgueses e proletários".)

Os inventores decerto notam o antagonismo de classes, bem como a atividade dos elementos dissolventes na própria sociedade dominante. Eles não notam nenhuma iniciativa histórica por parte do proletariado, nenhum movimento político que lhe seja próprio.

Como o desenvolvimento do antagonismo de classe acompanha o desenvolvimento da indústria, eles tampouco encontram as condições materiais para a libertação do proletariado e buscam uma ciência social, leis sociais, que as possam criar.

No lugar da atividade social deve entrar a sua atividade pessoal criadora, no lugar das condições históricas de libertação, as condições imaginadas, no lugar da permanente organização do proletariado em classe, uma organização ou sociedade própria inventada. A história futura do mundo para eles se desvanece na propaganda e na execução prática de seus planos de sociedade.

Certamente eles estão conscientes de representar em seus planos principalmente o interesse da classe trabalhadora como a classe que mais sofre. Apenas sob esse ponto de vista, de classe mais sofredora, é que o proletariado existe para eles.

A forma subdesenvolvida da luta de classes e sua própria situação de vida os levam a crer que estariam bem acima de qualquer antagonismo de classe. Eles querem melhorar a condição de vida de todos os membros da sociedade, inclusive dos mais bem situados. Por isso apelam continuamente ao conjunto da sociedade sem distinção, sim, preferencialmente à classe dominante. Só é preciso entender o seu sistema para reconhecê-lo como o melhor plano possível da melhor sociedade possível.

Por isso eles rejeitam toda ação política, principalmente toda ação revolucionária. Eles desejam conquistar o seu objetivo pelo caminho pacífico e buscam com pequenos experimentos, naturalmente condenados ao fracasso, pela força do exemplo abrir caminho ao novo evangelho social.

Essa descrição fantástica da sociedade futura, em um período em que o proletariado está bem pouco desenvolvido e concebe portanto a sua própria posição de modo fantástico, corresponde aos[v29] seus primeiros afãs apreensivos por uma completa reorganização da sociedade.

Mas os escritos socialistas e comunistas também contêm elementos críticos. Eles atacam todas as bases da sociedade existente. Por isso eles forneceram um material altamente valioso para o esclarecimento dos trabalhadores. As suas proposições positivas sobre a sociedade futura, por exemplo, superação da oposição entre cidade e campo, da família, do lucro privado, do trabalho assalariado, a proclamação da harmonia social, a transformação do Estado em simples administração da produção — todas essas suas proposições expressam apenas o fim do antagonismo entre as classes quando ele mal começa a se desenvolver, e que eles conhecem somente em sua primeira indeterminação amorfa. Desse modo, essas proposições possuem ainda um sentido puramente utópico.

O significado do socialismo crítico-utópico está em razão inversa ao desenvolvimento histórico. À medida que a luta de classes se desenvolve e adquire formas mais definidas, esse fantástico enaltecimento sobre ela, esse fantástico combate contra ela perde qualquer valor prático, qualquer legitimação teórica. Se, por isso, os iniciadores desses sistemas foram revolucionários em muitos aspectos, os seus alunos formam sempre seitas reacionárias. Eles se agarram às velhas opiniões dos mestres opondo-se ao contínuo desenvolvimento histórico do proletariado. Dessa maneira, procuram consequentemente atenuar novamente a luta de classes e conciliar os antagonismos. Eles continuam a sonhar com a realização experimental de suas utopias sociais, a instituição de isolados falanstérios, a fundação de colônias, a criação de uma pequena Icária[8] — duodécima edição da nova Jerusalém —, e para a construção de todos esses castelos no ar eles devem apelar à filantropia dos corações e dos sacos de dinheiro dos burgueses. Pouco a pouco vão caindo na categoria dos socialistas reacionários ou conservadores, diferenciando-se deles apenas pelo maior pedantismo sistemático, pela superstição fanática nos efeitos milagrosos de sua ciência social.

Por isso se opõem com raiva a todo movimento político dos trabalhadores, que só podia decorrrer de um ceticismo cego no novo evangelho.

Os owenistas na Inglaterra, os fourieristas na França, reagem ali contra os cartistas, aqui contra os reformistas.

## IV
## Posição dos comunistas frente aos diversos partidos de oposição

De acordo com a seção II é evidente a relação dos comunistas com os demais partidos dos trabalhadores já constituídos, ou seja, a sua relação com os cartistas na Inglaterra e os reformadores agrários na América do Norte.

Eles lutam pela conquista dos objetivos e interesses diretamente imediatos da classe trabalhadora, mas, ao mesmo tempo, eles representam no movimento atual o futuro do movimento. Na França, se aliam com o partido socialista-democrático[9] contra a burguesia conservadora e radical, sem abrir mão do direito de assumir uma posição crítica perante frases e ilusões provenientes da tradição revolucionária.

Na Suíça, eles apoiam os radicais sem ignorar que esse partido é composto por elementos contraditórios, em parte pelos socialistas democráticos no sentido francês, em parte pela burguesia radical.

Na Polônia, os comunistas apoiam o partido que coloca como condição para a libertação nacional uma revolução agrária; o mesmo partido que desencadeou a insurreição de Cracóvia de 1846.

Na Alemanha, o partido comunista, assim que a burguesia revolucionária entra em cena, luta junto com ela contra a monarquia absoluta, a propriedade feudal da terra e a pequena burguesia.

Mas nem por um instante os comunistas deixam de desenvolver entre os trabalhadores uma consciência mais clara sobre o antagonismo hostil entre a burguesia e o proletariado, para que os trabalhadores alemães em seguida possam usar contra ela as condições sociais e políticas criadas por sua dominação, como outras tantas armas, para que, após a derrubada das classes reacionárias na Alemanha, comece imediatamente a luta contra a própria burguesia.

Os comunistas voltam a sua principal atenção para a Alemanha porque ela se encontra na véspera de uma revolução burguesa, e porque essa transformação se realiza nas condições avançadas da civilização europeia em geral, e com um proletariado bem mais desenvolvido que o da Inglaterra do século XVII e o da França do século XVIII, portanto, a revolução alemã só pode ser o prelúdio imediato de uma revolução proletária.

Em uma palavra, os comunistas em toda parte apoiam qualquer movimento contra as condições sociais e políticas existentes.

Em todos esses movimentos eles destacam a questão da propriedade como a questão básica do movimento, qualquer que seja a forma mais ou menos desenvolvida que ela tenha assumido.

Finalmente, os comunistas trabalham em toda parte pela união e pelo entendimento dos partidos democráticos de todos os países.

Os comunistas se recusam a dissimular as suas opiniões e intenções. Eles declaram abertamente que os seus objetivos só podem ser atingidos com a derrubada violenta de toda a ordem social existente. Que as classes dominantes tremam perante uma revolução comunista. Nela os proletários nada têm a perder a não ser os seus grilhões. Eles têm um mundo a ganhar.

*Proletários de todos os países, uni-vos!*

# Notas de Friedrich Engels

[1] Como burguesia entende-se a classe dos modernos capitalistas, os proprietários dos meios de produção sociais e que exploram o trabalho assalariado. Como proletariado entende-se a classe dos trabalhadores assalariados modernos, que, não possuindo nenhum meio de produção, são obrigados a vender sua força de trabalho para poder viver. (Nota para a edição inglesa de 1888.)

[2] Quer dizer, mais precisamente, a história *escrita*. Até 1847, a pré-história da sociedade, a organização social que antecedeu toda a história escrita, era praticamente desconhecida. Desde então, Haxthausen [August von, 1792–1866] descobriu a propriedade comum da terra na Rússia, Maurer [Georg Ludwig von] mostrou que essa foi a base social que deu origem a todas as tribos teutônicas e, pouco a pouco, descobriu-se que aldeias com posse comum do solo foram a forma primitiva da sociedade da Índia até a Irlanda. Finalmente, a organização interna dessa sociedade comunista primitiva foi revelada, em sua forma típica, pela descoberta culminante de Morgan [Lewis Henry, 1818–1881] sobre a verdadeira natureza da *gens* e da sua relação com a tribo. Com a dissolução dessas comunidades primitivas, começa a divisão da sociedade em classes separadas e finalmente antagônicas. Eu tentei acompanhar esse processo de dissolução em *A origem da família, da propriedade privada e do Estado*. Stuttgart, 1886. Segunda edição. (Nota para a edição inglesa de 1888.)

[3] O mestre é membro da corporação, seu patrão interno. (Nota para a edição inglesa de 1888.)

[4] "Comuna" eram as cidades nascentes na França, mesmo antes de terem arrancado de seus senhores feudais e mestres a autoadministração local e os direitos políticos enquanto "Terceiro Estado". De modo geral, nós mencionamos aqui a Inglaterra como país típico para o desenvolvimento econômico

da burguesia, e a França para o seu desenvolvimento político. (Nota para a edição inglesa de 1888.)

Assim chamavam os habitantes da Itália e da França as suas comunidades urbanas após terem comprado ou conquistado os seus primeiros direitos de autoadministração dos seus senhores feudais. (Nota para a edição alemã de 1890.)

[5] Não se trata do tempo da restauração inglesa de 1660 a 1689, mas do tempo da restauração francesa de 1814 a 1830. (Nota para a edição inglesa de 1888.)

[6] Trata-se principalmente da Alemanha, onde a nobreza rural e os proprietários aristocratas de terra deixam aos seus administradores a exploração de boa parte de seus bens e, além disso, são grandes produtores de açúcar de beterraba e de aguardente de batata. Os aristocratas ingleses mais ricos ainda não se rebaixaram a tanto; mas também eles sabem compensar o declínio da renda emprestando o seu nome a fundadores mais ou menos suspeitos de sociedades de ações. (Nota para a edição inglesa de 1888.)

[7] A onda revolucionária de 1848 varreu toda essa sórdida orientação e tirou de seus portadores o prazer de continuar brincando de socialismo. O principal representante e o tipo clássico dessa tendência é o senhor Karl Grün. (Nota para a edição alemã de 1890.)

[8] Falanstério foi a designação empregada para as colônias socialistas planejadas por Charles Fourier; Cabet nomeou sua utopia de Icária e, mais tarde as suas colônias comunistas nos Estados Unidos. (Nota para a edição inglesa de 1888.)

Colônias no interior (*Home colonies*) é o nome dado por Owen às suas sociedades-modelo comunistas. Falanstério era o nome dos palácios sociais planejados por Fourier. Icária era o utópico país da fantasia, cujas instituições comunistas foram descritas por Cabet. (Nota para a edição alemã de 1890.)

[9] O partido que foi representado então no parlamento por Ledru-Rollin, na literatura por Louis Blanc e na imprensa diária pelo *Réforme*. Para aqueles que o criaram, o nome "social-democracia" significava um setor do Partido Democrata ou Republicano com matiz mais ou menos socialista. (Nota para a edição inglesa de 1888.)

O partido que se chamava socialista-demorático na França foi representado politicamente por Ledru-Rollin e literariamente por Louis Blanc; estava portanto a céus de distância da atual social-democracia alemã de hoje. (Nota para a edição alemã de 1890.)

# Variações

[v1] Na edição inglesa de 1888, Engels acrescenta após a palavra "avanço": "dessa classe".

[v2] Na edição inglesa de 1888, Engels acrescenta após "república municipal independente": "como na Itália e Alemanha"; e após "Terceiro Estado tributário da Monarquia": "como na França".

[v3] Na edição alemã de 1890, Engels acrescenta "outras" antes de "anteriores".

[v4] Nas edições de 1872, 1883 e 1890: "sua".

[v5] Nas edições de 1872, 1883 e 1890: "então".

[v6] Na primeira edição de 1848: "guerra de destruição"; nas edições seguintes: "guerra de extermínio".

[v7] Nas edições de 1872, 1883 e 1890, foram retiradas as palavras "da civilização burguesa".

[v8] Na edição inglesa de 1888, no lugar de "a massa de trabalho", está "a carga do trabalho".

[v9] Na edição alemã de 1890: "como seu objetivo".

[v10] Depois da edição de 1848, foi retirado o "para si" que havia.

[v11] Na edição inglesa de 1888, Engels acrescenta após "coalizões": "(*Trade-Unions*)".

[v12] Na edição inglesa de 1888, no lugar de "elementos de sua própria formação", aparece "elementos de sua própria formação política e da formação em geral".

[v13] Na edição inglesa de 1888, no lugar de "elementos de formação": "elementos de esclarecimentos e progresso".

[v14] Na edição alemã de 1890: "de pressa".

[v15] Na edição inglesa de 1888: "sectários".

[v16] Na edição inglesa de 1888, no lugar de "exploração de umas pelas outras": "exploração da maioria pela minoria".

[v17] Na edição inglesa de 1888, no lugar de "elevar-se à condição de classe nacional": "erguer-se como classe dirigente da nação".

[v18] Nas edições de 1872, 1883 e 1890: "no âmbito do conhecimento".

[v19] Nas edições de 1872, 1883 e 1890: "da diferença".

[v20] Nas edições de 1872, 1883 e 1890, no lugar de "das classes": "as classes".

[v21] Na edição inglesa de 1888, após "as maçãs de ouro": "que caíram da árvore da indústria".

[v22] Na edição de 1848: "sagrado e atual"; nas edições de 1872, 1883 e 1890: "cristão".

[v23] Na edição inglesa de 1888, em vez de "Em seu desenvolvimento posterior, essa corrente se perdeu em uma ressaca covarde": "Finalmente, quando os duros fatos históricos dissolveram qualquer embriaguez do auto engano, essa forma de socialismo degenerou em uma ressaca deplorável".

[v24] Nas edições de 1872, 1883 e 1890, foram retiradas as palavras "sobre a verdadeira sociedade".

[v25] Na edição inglcsa de 1888, em vez de "dos moradores dos arredores das primeiras cidades alemãs": "do filistino alemão".

[v26] Na edição inglesa de 1888, em vez de "do pequeno-burguês alemão": "do pequeno filistino alemão".

[v27] Nas edições de 1872, 1883 e 1890, em vez de "para": "e".

[v28] Nas edições de 1872, 1883 e 1890: "O socialismo da burguesia consiste".

[v29] Nas edições de 1872, 1883 e 1890: "surge com".

# Anexos

## I – Única página conservada do rascunho de Marx do *Manifesto do Partido Comunista**

(*Letra da senhora Marx*)

[Prole]tários, pelas 10 horas *Bill* sem compartilhar suas ilusões sobre os resultados dessa medida.

(*Letra de Marx*)

Aliás, vimos:

Os comunistas não postulam uma nova teoria da propriedade privada. Eles expressam apenas o fato histórico de que as relações burguesas de produção [de produção e] e assim as relações burguesas de propriedade não mais [são adequadas] [e] [determinadas] ao [des] [soc] desenvolvimento das forças sociais de produção [no desenvolvimento da própria indústria] e em d.

Mas não discutis conosco [confrontando] medindo a eliminação da propriedade burguesa com vossas ideias burguesas de liberdade, educação, etc.! Vossas próprias ideias [são o] [produto] [são] [correspondem] são produto das [existentes] relações burguesas de produção e de propriedade, como

---

* Escrito em dezembro de 1847 ou janeiro de 1848. Segundo o fac-símile publicado na revista satírica *Der wahre Jacob* em 17 de março de 1908. As palavras entre colchetes foram riscadas por Marx. Sobre isso Engels escreveu a Eduard Bernstein em 12 de junho de 1883: “Em anexo uma parte do rascunho original para o final do *Manifesto Comunista*, que vós quereis guardar como lembrança. As duas primeiras linhas acima são ditadas, escritas pela senhora Marx”. (N. T.)

vosso direito é apenas a vossa vontade de classe elevada a lei. [Uma] Uma vontade cujo conteúdo é determinado pelas condições materiais de vida de vossa classe.

[Vossas] A ideia interesseira de transformar [as] vossas [burguesas] relações de produção e de propriedade de históricas [e somente] passageiras, relações correspondentes a um determinado [amadurecimento do] estágio de desenvolvimento [das correspondentes forças] das forças de produção, em leis eternas da natureza e da razão, vós compartilhais com todas as classes dominantes desaparecidas!

Aquilo que concebeis para a propriedade feudal, não concebeis para a propriedade burguesa.

Contudo, não podeis negar o fato de que [com o curso da] com o processo de desenvolvimento da indústria [burguesa] o unilateral,

Os comunistas não postulam uma nova teoria da propriedade. Eles apenas expressam um fato. Vós negais os fatos mais contundentes. Vós deveis negá-los.Vós sois utopistas voltados para trás.

## II – Projeto de plano para a terceira parte**

1) Sistemas utópicos críticos. (Comunistas)

2)

1) O socialismo reacionário, feudal, religioso, pequeno-burguês.

2) O socialismo burguês.

3) Os sistemas da literatura utópica crítica. Owen, Cabet, Weitling, Fourier, St. Simon, Babeuf.

4) A literatura diretamente de partido.

5) A literatura comunista.

3) O socialismo filosófico alemão

---

** Esse projeto figura na capa de um caderno de Marx de dezembro de 1847, de Bruxelas. Foi publicado na *MEGA Marx Engels Gesamtausgabe*, edição de D. Riazanov, Frankfurt-Berlim-Moscou, Instituto Marx-Engels-Lenin, 1927–1935, volume I/6, p. 650. Disponível no site *www.marxists.org*. (N. T.)

# Índice de nomes

*Alighieri, Dante* (1261–1321): poeta italiano nascido em Florença e autor de *A Divina Comédia*.

*Associação Internacional dos Trabalhadores*: também chamada de Primeira Internacional, foi fundada em Londres em setembro de 1864 com o objetivo de unir partidos e grupos políticos, além de sindicatos, com base na classe operária. Em 1866, realiza seu primeiro congresso em Genebra, na Suíça, aprovando a luta pela jornada de trabalho de oito horas diárias. A Associação foi dissolvida na Filadélfia, Estados Unidos, em 1876. Em 1889, com um congresso em Paris, foi fundada a Segunda Internacional.

*Babeuf, Gracchus* (1760–1797): François Noël Babeuf foi servo doméstico, artesão, pedreiro e depois encarregado dos registros de uma propriedade senhorial. Organizador da Conjuração dos Iguais.

*Bakunin, Mikhail Alexandrovitch* (1814–1876): emigrante russo na Europa ocidental e participante da revolução de 1848–1849 na Alemanha. Mais tarde, pensador anarquista. Expulso da Primeira Internacional em 1872, no congresso de Haia, na Holanda.

*Bismarck, Otto von* (1815–1898): Príncipe, diplomata e político prussiano; personalidade de destaque no século XIX. Um dos principais responsáveis pela criação do Segundo Império alemão entre 1871–1918, que unificou pela primeira vez a Alemanha em um Estado nacional.

*Bonaparte, Luís* (1808–1873): imperador francês e primeiro presidente eleito do país. Sobrinho de Napoleão Bonaparte; após a derrota na batalha de Sedan, em 2 de setembro de 1870, e o fim do Segundo Império francês, foi para o exílio na Inglaterra.

*Cabet, Étienne* (1788–1856): Jurista e jornalista francês, autor do romance *Viagem a Icária*, no qual oferece uma primeira imagem do comunismo.

*Cartismo*: movimento social inglês iniciado na década de 30 do século XIX que lutava pela inclusão política dos trabalhadores. Em sua *Carta do povo* exigia: sufrágio universal masculino, voto secreto com cédula, eleição anual, igualdade de direito eleitoral, participação dos trabalhadores no parlamento, parlamentos remunerados.

*Cemitério de Highgate*: cemitério em Londres, onde Karl Marx está enterrado.

*Comuna de Paris*: Primeira revolução operária realizada em Paris em 1871, durante a guerra franco-prussiana. Durante mais de dois meses, os trabalhadores parisienses estiveram à frente de um novo governo com características até então inéditas e que iria influenciar toda a história do movimento socialista ao longo do século XX e até hoje. Foi reprimida brutalmente.

*Congresso de Viena*: realizado entre 1814 e 1815, decidiu pela passagem de parte da Polônia, sob o nome Reino Polaco, para a Rússia.

*Cruzada:* movimentos militares de inspiração cristã entre os séculos XI e XIII, saindo da Europa ocidental em direção à Palestina e à cidade de Jerusalém para conquistá-las e mantê-las sob domínio cristão.

*Czar*: Tsar ou Tzar, título usado pelos monarcas russos entre 1546 e 1917.

*Darwin, Charles* (1809–1882): naturalista britânico e autor de *A origem das espécies*, de 1859, em que introduziu a ideia da evolução do homem a partir de um ancestral comum e por meio da seleção natural.

*El Socialista*: semanário em espanhol editado em Madri e responsável pela edição de 1886 do *Manifesto do Partido Comunista*.

*Fourier, François Marie Charles* (1772–1837): socialista francês, crítico do capitalismo e um dos pioneiros na formulação do cooperativismo.

*Gátchina*: nome russo que designa comunidade, aldeia.

*Guerra Civil na França, A*: obra de Karl Marx dedicada à análise da experiência da Comuna de Paris de 1871, que influenciou todo o debate posterior do movimento operário e socialista sobre o tema.

*Guizot, François Pierre Guillaume* (1787–1874): historiador e estadista francês. Dirigiu a política interna e externa francesa de 1840 a 1848.

*Haxthausen, August* (1792–1866): escritor de temas econômicos, nos quais relatava suas viagens à Prússia e à Rússia.

*Icária*: ilha grega situada no mar Egeu. O nome é derivado da figura mitológica de Ícaro, filho do inventor ateniense Dédalo, que teria caído do céu no mar próximo à região.

*Insurreição de Cracóvia de 1846*: insurreição organizada para libertar a Polônia. Com a traição de membros da nobreza e a prisão de seus dirigentes, a insurreição não se realizou. Apenas em Cracóvia, desde 1815 sob controle conjunto da Áustria, Rússia e Prússia, os insurretos conquistaram a vitória em fevereiro de 1846, criando um governo nacional. Mas ela foi esmagada já no início de março.

*Jovem Inglaterra*: grupo de políticos e literatos do partido dos *tories* no início dos anos 40 do século XIX. Seus membros criticavam a aristocracia fundiária por reforçar o poder político e econômico da burguesia e buscavam o apoio dos trabalhadores na sua luta contra a burguesia.

*Kolokol*: tipografia russa localizada em Londres, e depois de 1865 em Genebra, de propriedade de A. I. Herzen e N. P. Ogariov, que imprimia o jornal democrático-revolucionário *Kolokol* — O Sino.

*Lassalle, Ferdinand* (1825–1864): um dos precursores da social-democracia alemã e autor de um importante trabalho sobre direito constitucional, *A essência da Constituição.*

*Le Socialiste*: semanário em francês publicado em Nova York de outubro de 1871 a maio de 1873. Durante certo tempo foi o órgão da seção francesa da Federação Norte-americana da Internacional.

*Legitimistas*: partidários da dinastia "legítima" dos Bourbons, que foi derrubada em 1830 e representava os interesses dos grandes proprietários hereditários de terra. Na luta contra a dinastia reinante dos Orleães (1830–1848), que se apoiava na aristocracia financeira e na grande burguesia, uma parte deles apresentava-se como defensora dos trabalhadores.

*Lei sobre a jornada de trabalho de dez horas* (*Ten Hour's Bill*): extensiva apenas a mulheres e adolescentes, aprovada no parlamento inglês em 8 de junho de 1847. Na prática, porém, muitos industriais não a respeitavam.

*Liga dos Comunistas*: primeira organização comunista internacional do proletariado, em cuja fundação Marx e Engels tiveram papel de destaque. Ela funcionou de 1847 a 1852.

*MacFarlane, Helen* (1818–1860): feminista e autora da primeira tradução inglesa do *Manifesto*, sob o título *Manifesto of the German Communist Party* (*Manifesto do Partido Comunista Alemão*), publicado em Londres por George Julian Harney, que na sua introdução revela pela primeira vez que Marx e Engels são os seus autores.

*Maurer, Georg Ludwig* (1790–1872): historiador e estadista da Baviera.

*Metternich, Clemens Wenyel Lothar* (1773–1859): estadista austríaco, ministro das Relações Exteriores (1809–1821) e chanceler (1821–1848). Foi um dos fundadores da Santa Aliança.

*Moore, Samuel* (1830–1912): amigo de Marx e Engels, tradutor do *Manifesto* e do primeiro volume de *O Capital*.

*Morgan, Lewis Henry* (1818–1881): etnólogo, arqueólogo e historiador norte-americano. Pesquisava as sociedades primitivas e o surgimento da família entre os iroqueses.

*Movimento inglês pela reforma eleitoral*: conquistou a reforma aprovada pela Câmara dos Comuns, em 1831, e ratificada pela Câmara dos Lordes, em junho de 1832. Ela se voltava contra o monopólio político da aristocracia agrária e financeira e abriu o acesso ao parlamento aos representantes da burguesia industrial. Mas o proletariado e a pequena burguesia que participaram do movimento continuaram sem direitos eleitorais.

*Owen, Robert* (1771–1858): socialista utópico galês e um dos fundadores do cooperativismo.

*Processo dos Comunistas de Colônia*: processo organizado pelo governo prussiano contra onze membros da Liga dos Comunistas acusados de alta traição, realizado na cidade alemã de Colônia entre 4 de outubro e 12 de novembro de

1852. Terminou com a condenação de sete deles a prisão com pena de 3 a 6 anos.

*Proudhon, Pierre-Joseph* (1809–1865): sociólogo e economista francês, um dos principais fundadores do anarquismo. Foi deputado na Assembleia Nacional Constituinte de 1848 e autor de várias obras, entre elas *O que é a propriedade? Pesquisa sobre o princípio do direito e do governo*, de 1840.

*Red Republican*: semanário publicado em Londres de junho a novembro de 1850.

*Reformistas franceses*: democratas republicanos e socialistas, partidários do jornal francês *La Reforme*, publicado em Paris entre 1843 e 1850. Defendiam a república e reformas democráticas e sociais.

*Restauração francesa de 1814 a 1830*: período do segundo reinado da dinastia dos Bourbons na França que representava os interesses da corte e do clero. Foi derrubado pela revolução de julho de 1830.

*Restauração inglesa de 1660 a 1689*: período do segundo reinado da dinastia dos Stuarts na Inglaterra, derrubada pela revolução burguesa do século XVII.

*Revolução de fevereiro de 1848*: movimento que levou à abdicação de Luís Felipe e ao surgimento da Segunda República Francesa, com atuação destacada de Louis Blanc.

*Revolução de junho de 1848*: insurreição dos operários parisienses de 24 a 26 de junho e considerada depois por Engels como "a primeira grande batalha entre o proletariado e a burguesia". Liderada por Auguste Blanqui, ela foi brutalmente reprimida pelo então ministro da Guerra, Louis-Eugène Cavaignac.

*Saint-Simon, Claude Henri de Rouvroy* (1760–1825): socialista utópico francês.

*Sismondi, Jean Charles Léonard Simonde de* (1773–1842): economista e historiador suíço adepto da pequena produção.

*Situação da classe trabalhadora na Inglaterra, A*: obra de Friedrich Engels publicada em alemão em 1845 que analisa as condições de vida dos trabalhadores na Inglaterra vitoriana.

*Stuarts*: dinastia real da Escócia, a partir de 1371, e da Inglaterra, entre 1603–1649 e 1660–1714.

*Swansea*: cidade do País de Gales e importante centro industrial e porto nos séculos XIX e XX.

*Tories*: partido político inglês do final do século XVIII. Representava os interesses da aristocracia fundiária e do alto clero, além de defender as tradições feudais. Com base nele, criou-se em meados do século XIX o Partido Conservador inglês.

*Trade-Unions*: sindicatos ingleses.

*Weitling, Christian Wilhelm* (1808–1871): de profissão alfaiate, importante escritor revolucionário alemão, tendo sido considerado por Engels como o "fundador do comunismo alemão".

*Woodhull and Claflin's Weekly*: semanário publicado em Nova York pelas feministas Victoria Woodhull e Tennessee Claflin, entre 1870 a 1876.

*Zasulitch, Vera Ivanovna* (1851–1919): revolucionária russa, após 1903 vinculada aos mencheviques russos, e depois de 1917, opositora do governo soviético russo.

# NOTA SOBRE ESTA EDIÇÃO E SOBRE O TRADUTOR

A presente tradução do *Manifesto do Partido Comunista* foi realizada diretamente do alemão com base na edição de Thomas Kuczynski, *Das Kommunistische Manifest — Von der Erstausgabe zur Leseausgabe*, Trier, Schriften aus dem Karl-Marx-Haus, 1995; confrontada com o texto da edição *Marx Engels Werke* — Band 4, Berlin, Dietz Verlag, 1959, pp. 459-493, do qual foram traduzidos os prefácios de Marx e Engels, as notas de Engels e as variações.

Agradecemos a generosa colaboração de Rolf Hecker, professor e presidente da Associação de Apoio à Edição MEGA em Berlim.

Luciano Cavini Martorano é professor de Ciência Política na Unifal-MG, editor do Blog *marxismo21*, autor de *A burocracia e os desafios da transição socialista*, e *Conselhos operários — Em busca de socialização e da democratização*, co-organizador da coletânea *Conselhos operários — teoria e prática*. Traduziu, entre outros trabalhos, *Teoria materialista do Estado*, de Joachim Hirsch, e, conjuntamente, *A ideologia alemã*, de Marx e Engels.

# Relação dos Volumes Publicados

1. Dom Casmurro
Machado de Assis
2. O Príncipe
Maquiavel
3. Mensagem
Fernando Pessoa
4. O Lobo do Mar
Jack London
5. A Arte da Prudência
Baltasar Gracián
6. Iracema / Cinco Minutos
José de Alencar
7. Inocência
Visconde de Taunay
8. A Mulher de 30 Anos
Honoré de Balzac
9. A Moreninha
Joaquim Manuel de Macedo
10. A Escrava Isaura
Bernardo Guimarães
11. As Viagens - "Il Milione"
Marco Polo
12. O Retrato de Dorian Gray
Oscar Wilde
13. A Volta ao Mundo em 80 Dias
Júlio Verne
14. A Carne
Júlio Ribeiro
15. Amor de Perdição
Camilo Castelo Branco
16. Sonetos
Luís de Camões
17. O Guarani
José de Alencar
18. Memórias Póstumas de Brás Cubas
Machado de Assis
19. Lira dos Vinte Anos
Álvares de Azevedo
20. Apologia de Sócrates / Banquete
Platão
21. A Metamorfose/Um Artista da Fome/Carta a Meu Pai
Franz Kafka
22. Assim Falou Zaratustra
Friedrich Nietzsche
23. Triste Fim de Policarpo Quaresma
Lima Barreto
24. A Ilustre Casa de Ramires
Eça de Queirós
25. Memórias de um Sargento de Milícias
Manuel Antônio de Almeida
26. Robinson Crusoé
Daniel Defoe
27. Espumas Flutuantes
Castro Alves
28. O Ateneu
Raul Pompeia
29. O Noviço / O Juiz de Paz da Roça / Quem Casa Quer Casa
Martins Pena
30. A Relíquia
Eça de Queirós
31. O Jogador
Dostoiévski
32. Histórias Extraordinárias
Edgar Allan Poe
33. Os Lusíadas
Luís de Camões
34. As Aventuras de Tom Sawyer
Mark Twain
35. Bola de Sebo e Outros Contos
Guy de Maupassant
36. A República
Platão
37. Elogio da Loucura
Erasmo de Rotterdam
38. Caninos Brancos
Jack London
39. Hamlet
William Shakespeare
40. A Utopia
Thomas More
41. O Processo
Franz Kafka
42. O Médico e o Monstro
Robert Louis Stevenson
43. Ecce Homo
Friedrich Nietzsche
44. O Manifesto do Partido Comunista
Marx e Engels
45. Discurso do Método / Regras para a Direção do Espírito
René Descartes
46. Do Contrato Social
Jean-Jacques Rousseau
47. A Luta pelo Direito
Rudolf von Ihering
48. Dos Delitos e das Penas
Cesare Beccaria
49. A Ética Protestante e o Espírito do Capitalismo
Max Weber
50. O Anticristo
Friedrich Nietzsche
51. Os Sofrimentos do Jovem Werther
Goethe
52. As Flores do Mal
Charles Baudelaire
53. Ética a Nicômaco
Aristóteles
54. A Arte da Guerra
Sun Tzu
55. Imitação de Cristo
Tomás de Kempis
56. Cândido ou o Otimismo
Voltaire
57. Rei Lear
William Shakespeare
58. Frankenstein
Mary Shelley
59. Quincas Borba
Machado de Assis
60. Fedro
Platão
61. Política
Aristóteles
62. A Viuvinha / Encarnação
José de Alencar
63. As Regras do Método Sociológico
Emile Durkheim
64. O Cão dos Baskervilles
Sir Arthur Conan Doyle
65. Contos Escolhidos
Machado de Assis
66. Da Morte / Metafísica do Amor / Do Sofrimento do Mundo
Arthur Schopenhauer
67. As Minas do Rei Salomão
Henry Rider Haggard
68. Manuscritos Econômico-Filosóficos
Karl Marx
69. Um Estudo em Vermelho
Sir Arthur Conan Doyle
70. Meditações
Marco Aurélio
71. A Vida das Abelhas
Maurice Materlinck
72. O Cortiço
Aluísio Azevedo
73. Senhora
José de Alencar
74. Brás, Bexiga e Barra Funda / Laranja da China
Antônio de Alcântara Machado
75. Eugênia Grandet
Honoré de Balzac
76. Contos Gauchescos
João Simões Lopes Neto
77. Esaú e Jacó
Machado de Assis
78. O Desespero Humano
Sören Kierkegaard
79. Dos Deveres
Cícero
80. Ciência e Política
Max Weber
81. Satíricon
Petrônio
82. Eu e Outras Poesias
Augusto dos Anjos
83. Farsa de Inês Pereira / Auto da Barca do Inferno / Auto da Alma
Gil Vicente
84. A Desobediência Civil e Outros Escritos
Henry David Toreau
85. Para Além do Bem e do Mal
Friedrich Nietzsche
86. A Ilha do Tesouro
R. Louis Stevenson
87. Marília de Dirceu
Tomás A. Gonzaga
88. As Aventuras de Pinóquio
Carlo Collodi
89. Segundo Tratado Sobre o Governo
John Locke
90. Amor de Salvação
Camilo Castelo Branco
91. Broquéis/Faróis/Ultimos Sonetos
Cruz e Souza
92. I-Juca-Pirama / Os Timbiras / Outros Poemas
Gonçalves Dias
93. Romeu e Julieta
William Shakespeare
94. A Capital Federal
Arthur Azevedo
95. Diário de um Sedutor
Sören Kierkegaard
96. Carta de Pero Vaz de Caminha a El-Rei Sobre o Achamento do Brasil
97. Casa de Pensão
Aluísio Azevedo
98. Macbeth
William Shakespeare

99. Édipo Rei/Antígona
Sófocles

100. Lucíola
José de Alencar

101. As Aventuras de Sherlock Holmes
Sir Arthur Conan Doyle

102. Bom-Crioulo
Adolfo Caminha

103. Helena
Machado de Assis

104. Poemas Satíricos
Gregório de Matos

105. Escritos Políticos / A Arte da Guerra
Maquiavel

106. Ubirajara
José de Alencar

107. Diva
José de Alencar

108. Eurico, o Presbítero
Alexandre Herculano

109. Os Melhores Contos
Lima Barreto

110. A Luneta Mágica
Joaquim Manuel de Macedo

111. Fundamentação da Metafísica dos Costumes e Outros Escritos
Immanuel Kant

112. O Príncipe e o Mendigo
Mark Twain

113. O Domínio de Si Mesmo Pela Auto-Sugestão Consciente
Émile Coué

114. O Mulato
Aluísio Azevedo

115. Sonetos
Florbela Espanca

116. Uma Estadia no Inferno / Poemas / Carta do Vidente
Arthur Rimbaud

117. Várias Histórias
Machado de Assis

118. Fédon
Platão

119. Poesias
Olavo Bilac

120. A Conduta para a Vida
Ralph Waldo Emerson

121. O Livro Vermelho
Mao Tsé-Tung

122. Oração aos Moços
Rui Barbosa

123. Otelo, o Mouro de Veneza
William Shakespeare

124. Ensaios
Ralph Waldo Emerson

125. De Profundis / Balada do Cárcere de Reading
Oscar Wilde

126. Crítica da Razão Prática
Immanuel Kant

127. A Arte de Amar
Ovídio Naso

128. O Tartufo ou O Impostor
Molière

129. Metamorfoses
Ovídio Naso

130. A Gaia Ciência
Friedrich Nietzsche

131. O Doente Imaginário
Molière

132. Uma Lágrima de Mulher
Aluísio Azevedo

133. O Último Adeus de Sherlock Holmes
Sir Arthur Conan Doyle

134. Canudos - Diário de Uma Expedição
Euclides da Cunha

135. A Doutrina de Buda
Siddharta Gautama

136. Tao Te Ching
Lao-Tsé

137. Da Monarquia / Vida Nova
Dante Alighieri

138. A Brasileira de Prazins
Camilo Castelo Branco

139. O Velho da Horta/Quem Tem Farelos?/Auto da Índia
Gil Vicente

140. O Seminarista
Bernardo Guimarães

141. O Alienista / Casa Velha
Machado de Assis

142. Sonetos
Manuel du Bocage

143. O Mandarim
Eça de Queirós

144. Noite na Taverna / Macário
Álvares de Azevedo

145. Viagens na Minha Terra
Almeida Garrett

146. Sermões Escolhidos
Padre Antonio Vieira

147. Os Escravos
Castro Alves

148. O Demônio Familiar
José de Alencar

149. A Mandrágora / Belfagor, o Arquidiabo
Maquiavel

150. O Homem
Aluísio Azevedo

151. Arte Poética
Aristóteles

152. A Megera Domada
William Shakespeare

153. Alceste/Electra/Hipólito
Eurípedes

154. O Sermão da Montanha
Huberto Rohden

155. O Cabeleira
Franklin Távora

156. Rubáiyát
Omar Khayyám

157. Luzia-Homem
Domingos Olímpio

158. A Cidade e as Serras
Eça de Queirós

159. A Retirada da Laguna
Visconde de Taunay

160. A Viagem ao Centro da Terra
Júlio Verne

161. Caramuru
Frei Santa Rita Durão

162. Clara dos Anjos
Lima Barreto

163. Memorial de Aires
Machado de Assis

164. Bhagavad Gita
Krishna

165. O Profeta
Khalil Gibran

166. Aforismos
Hipócrates

167. Kama Sutra
Vatsyayana

168. Histórias de Mowgli
Rudyard Kipling

169. De Alma para Alma
Huberto Rohden

170. Orações
Cícero

171. Sabedoria das Parábolas
Huberto Rohden

172. Salomé
Oscar Wilde

173. Do Cidadão
Thomas Hobbes

174. Porque Sofremos
Huberto Rohden

175. Einstein: o Enigma do Universo
Huberto Rohden

176. A Mensagem Viva do Cristo
Huberto Rohden

177. Mahatma Gandhi
Huberto Rohden

178. A Cidade do Sol
Tommaso Campanella

179. Setas para o Infinito
Huberto Rohden

180. A Voz do Silêncio
Helena Blavatsky

181. Frei Luís de Sousa
Almeida Garrett

182. Fábulas
Esopo

183. Cântico de Natal/ Os Carrilhões
Charles Dickens

184. Contos
Eça de Queirós

185. O Pai Goriot
Honoré de Balzac

186. Noites Brancas e Outras Histórias
Dostoiévski

187. Minha Formação
Joaquim Nabuco

188. Pragmatismo
William James

189. Discursos Forenses
Enrico Ferri

190. Medeia
Eurípedes

191. Discursos de Acusação
Enrico Ferri

192. A Ideologia Alemã
Marx & Engels

193. Prometeu Acorrentado
Ésquilo

194. Iaiá Garcia
Machado de Assis

195. Discursos no Instituto dos Advogados Brasileiros / Discurso no Colégio Anchieta
Rui Barbosa

196. Édipo em Colono
Sófocles

197. A Arte de Curar pelo Espírito
Joel S. Goldsmith

198. Jesus, o Filho do Homem
Khalil Gibran

199. Discurso sobre a Origem e os Fundamentos da Desigualdade entre os Homens
Jean-Jacques Rousseau

200. Fábulas
La Fontaine

201. O Sonho de uma Noite de Verão
William Shakespeare

202. Maquiavel, o Poder
José Nivaldo Junior

203. Ressurreição
Machado de Assis

204. O Caminho da Felicidade
Huberto Rohden

205. A Velhice do Padre Eterno
Guerra Junqueiro

206. O Sertanejo
José de Alencar

207. Gitanjali
Rabindranath Tagore

208. Senso Comum
Thomas Paine

209. Canaã
Graça Aranha

210. O Caminho Infinito
Joel S. Goldsmith

211. Pensamentos
Epicuro

212. A Letra Escarlate
Nathaniel Hawthorne

213. Autobiografia
Benjamin Franklin

214. Memórias de Sherlock Holmes
Sir Arthur Conan Doyle

215. O Dever do Advogado / Posse de Direitos Pessoais
Rui Barbosa

216. O Tronco do Ipê
José de Alencar

217. O Amante de Lady Chatterley
D. H. Lawrence

218. Contos Amazônicos
Inglês de Souza

219. A Tempestade
William Shakespeare

220. Ondas
Euclides da Cunha

221. Educação do Homem Integral
Huberto Rohden

222. Novos Rumos para a Educação
Huberto Rohden

223. Mulherzinhas
Louise May Alcott

224. A Mão e a Luva
Machado de Assis

225. A Morte de Ivan Ilicht / Senhores e Servos
Leon Tolstói

226. Álcoois e Outros Poemas
Apollinaire

227. Pais e Filhos
Ivan Turguêniev

228. Alice no País das Maravilhas
Lewis Carroll

229. À Margem da História
Euclides da Cunha

230. Viagem ao Brasil
Hans Staden

231. O Quinto Evangelho
Tomé

232. Lorde Jim
Joseph Conrad

233. Cartas Chilenas
Tomás Antônio Gonzaga

234. Odes Modernas
Anntero de Quental

235. Do Cativeiro Babilônico da Igreja
Martinho Lutero

236. O Coração das Trevas
Joseph Conrad

237. Thais
Anatole France

238. Andrômaca / Fedra
Racine

239. As Catilinárias
Cícero

240. Recordações da Casa dos Mortos
Dostoiévski

241. O Mercador de Veneza
William Shakespeare

242. A Filha do Capitão / A Dama de Espadas
Aleksandr Púchkin

243. Orgulho e Preconceito
Jane Austen

244. A Volta do Parafuso
Henry James

245. O Gaúcho
José de Alencar

246. Tristão e Isolda
Lenda Medieval Celta de Amor

247. Poemas Completos de Alberto Caeiro
Fernando Pessoa

248. Maiakósvski
Vida e Poesia

249. Sonetos
William Shakespeare

250. Poesia de Ricardo Reis
Fernando Pessoa

251. Papéis Avulsos
Machado de Assis

252. Contos Fluminenses
Machado de Assis

253. O Bobo
Alexandre Herculano

254. A Oração da Coroa
Demóstenes

255. O Castelo
Franz Kafka

256. O Trovejar do Silêncio
Joel S. Goldsmith

257. Alice na Casa dos Espelhos
Lewis Carrol

258. Miséria da Filosofia
Karl Marx

259. Júlio César
William Shakespeare

260. Antônio e Cleópatra
William Shakespeare

261. Filosofia da Arte
Huberto Rohden

262. A Alma Encantadora das Ruas
João do Rio

263. A Normalista
Adolfo Caminha

264. Pollyanna
Eleanor H. Porter

265. As Pupilas do Senhor Reitor
Júlio Diniz

266. As Primaveras
Casimiro de Abreu

267. Fundamentos do Direito
Léon Duguit

268. Discursos de Metafísica
G. W. Leibniz

269. Sociologia e Filosofiia
Émile Durkheim

270. Cancioneiro
Fernando Pessoa

271. A Dama das Camélias
Alexandre Dumas (filho)

272. O Divórcio / As Bases da Fé / e outros textos
Rui Barbosa

273. Pollyanna Moça
Eleanor H. Porter

274. O 18 Brumário de Luís Bonaparte
Karl Marx

275. Teatro de Machado de Assis
Antologia

276. Cartas Persas
Montesquieu

277. Em Comunhão com Deus
Huberto Rohden

278. Razão e Sensibilidade
Jane Austen

279. Crônicas Selecionadas
Machado de Assis

280. Histórias da Meia-Noite
Machado de Assis

281. Cyrano de Bergerac
Edmond Rostand

282. O Maravilhoso Mágico de Oz
L. Frank Baum

283. Trocando Olhares
Florbela Espanca

284. O Pensamento Filosófico da Antiguidade
Huberto Rohden

285. Filosofia Contemporânea
Huberto Rohden

286. O Espírito da Filosofia Oriental
Huberto Rohden

287. A Pele do Lobo / O Badejo / o Dote
Artur Azevedo

288. Os Bruzundangas
Lima Barreto

289. A Pata da Gazela
José de Alencar

290. O Vale do Terror
Sir Arthur Conan Doyle

291. O Signo dos Quatro
Sir Arthur Conan Doyle

292. As Máscaras do Destino
Florbela Espanca

293. A Confissão de Lúcio
Mário de Sá-Carneiro

294. Falenas
Machado de Assis

295. O Uraguai / A Declamação Trágica
Basílio da Gama

296. Crisálidas
Machado de Assis

297. Americanas
Machado de Assis

298. A Carteira de Meu Tio
Joaquim Manuel de Macedo

299. Catecismo da Filosofia
Huberto Rohden

300. Apologia de Sócrates
Platão (Edição bilingue)

301. Rumo à Consciência Cósmica
Huberto Rohden

302. Cosmoterapia
Huberto Rohden

303. Bodas de Sangue
Federico García Lorca

304. Discurso da Servidão Voluntária
Étienne de La Boétie

305. Categorias
Aristóteles

306. Manon Lescaut
Abade Prévost

307. Teogonia /
Trabalho e Dias
Hesíodo

308. As Vítimas-Algozes
Joaquim Manuel de Macedo

309. Persuasão
Jane Austen

310. Agostinho - Huberto Rohden

311. Roteiro Cósmico
Huberto Rohden

312. A Queda dum Anjo
Camilo Castelo Branco

313. O Cristo Cósmico e os Essênios - Huberto Rohden

314. Metafísica do Cristianismo
Huberto Rohden

315. Rei Édipo - Sófocles

316. Livro dos provérbios
Salomão

317. Histórias de Horror
Howard Phillips Lovecraft

318. O Ladrão de Casaca
Maurice Leblanc

319. Til
José de Alencar

Série Ouro
(Livros com mais de 400 p.)

1. Leviatã
Thomas Hobbes

2. A Cidade Antiga
Fustel de Coulanges

3. Crítica da Razão Pura
Immanuel Kant

4. Confissões
Santo Agostinho

5. Os Sertões
Euclides da Cunha

6. Dicionário Filosófico
Voltaire

7. A Divina Comédia
Dante Alighieri

8. Ética Demonstrada à Maneira dos Geômetras
Baruch de Spinoza

9. Do Espírito das Leis
Montesquieu

10. O Primo Basílio
Eça de Queirós

11. O Crime do Padre Amaro
Eça de Queirós

12. Crime e Castigo
Dostoiévski

13. Fausto
Goethe

14. O Suicídio
Émile Durkheim

15. Odisseia
Homero

16. Paraíso Perdido
John Milton

17. Drácula
Bram Stoker

18. Ilíada
Homero

19. As Aventuras de Huckleberry Finn
Mark Twain

20. Paulo – O 13º Apóstolo
Ernest Renan

21. Eneida
Virgílio

22. Pensamentos
Blaise Pascal

23. A Origem das Espécies
Charles Darwin

24. Vida de Jesus
Ernest Renan

25. Moby Dick
Herman Melville

26. Os Irmãos Karamazovi
Dostoiévski

27. O Morro dos Ventos Uivantes
Emily Brontë

28. Vinte Mil Léguas Submarinas
Júlio Verne

29. Madame Bovary
Gustave Flaubert

30. O Vermelho e o Negro
Stendhal

31. Os Trabalhadores do Mar
Victor Hugo

32. A Vida dos Doze Césares
Suetônio

33. O Moço Loiro
Joaquim Manuel de Macedo

34. O Idiota
Dostoiévski

35. Paulo de Tarso
Huberto Rohden

36. O Peregrino
John Bunyan

37. As Profecias
Nostradamus

38. Novo Testamento
Huberto Rohden

39. O Corcunda de Notre Dame
Victor Hugo

40. Arte de Furtar
Anônimo do século XVII

41. Germinal
Émile Zola

42. Folhas de Relva
Walt Whitman

43. Ben-Hur — Uma História dos Tempos de Cristo
Lew Wallace

44. Os Maias
Eça de Queirós

45. O Livro da Mitologia
Thomas Bulfinch

46. Os Três Mosqueteiros
Alexandre Dumas

47. Poesia de Álvaro de Campos
Fernando Pessoa

48. Jesus Nazareno
Huberto Rohden

49. Grandes Esperanças
Charles Dickens

50. A Educação Sentimental
Gustave Flaubert

51. O Conde de Monte Cristo (Volume I)
Alexandre Dumas

52. O Conde de Monte Cristo (Volume II)
Alexandre Dumas

53. Os Miseráveis (Volume I)
Victor Hugo

54. Os Miseráveis (Volume II)
Victor Hugo

55. Dom Quixote de La Mancha (Volume I)
Miguel de Cervantes

56. Dom Quixote de La Mancha (Volume II)
Miguel de Cervantes

57. As Confissões
Jean-Jacques Rousseau

58. Contos Escolhidos
Artur Azevedo

59. As Aventuras de Robin Hood
Howard Pyle

60. Mansfield Park
Jane Austen